Collection «L'envers du décor»

Pour Agnès,

LE DOSSIER NOIR DES MAFIAS RUSSES

dont "l'instruction" se poursuit...

Cordialement,

H. Blanc

DU MÊME AUTEUR :

***L'Empire corrompu*,**
Renata Lesnik et Hélène Blanc,
Editions Robert Laffont, 1990.

***Les auteurs du Printemps russe*,**
Hélène Blanc,
Editions Noir sur Blanc, Lausanne, 1991.

Qui abattra Eltsine ? (Prix France-Russie 1993),
Renata Lesnik et Hélène Blanc,
Editions du Rocher, 1992.

***Saveurs de Russie*,**
Hélène Blanc et Renata Lesnik,
Editions du Griot, 1992.

***Pouvoir et mafias*,**
Lesnik R. et Blanc H.,
in *Version originale*,
CEI : géopolitique eurasienne, 1993.

***L'Empire de toutes les mafias*,**
Renata Lesnik et Hélène Blanc,
Editions Presses de la Cité, 1996.

Hélène BLANC
Docteur en Etudes slaves des Langues O.
Russologue au CNRS

Le Dossier noir des MAFIAS RUSSES

Ce qu'il faut savoir des origines à nos jours

Balzac-Le Griot éditeur
Montréal • Paris

à Pascal Blanc-Chabaud,
un père hors du commun,

à Nicole Lavaud,
une femme exceptionnelle.

« Les hommes unis à la fois par l'espoir et par l'action...
accèdent à des domaines auxquels ils n'accéderaient pas seuls. »

André Malraux, l'Espoir.

MESSAGE AU LECTEUR

Résumer l'historique des mafias soviétiques puis, de l'ex-URSS, représente un défi ambitieux.

Cet opuscule constitue donc une introduction au phénomène occulte et complexe des organisations mafieuses — désignées par les spécialistes comme le crime organisé — et de leurs activités (des origines à nos jours) sans prétendre à l'exhaustivité. D'autant que la criminologie ou plus exactement la *mafiologie* étant une spécialisation toute récente, actuellement beaucoup de points demeurent encore obscurs.

Au cas où le lecteur souhaiterait en apprendre davantage, l'auteur l'invite à découvrir ses ouvrages grand-public consacrés aux mafias, notamment *L'Empire corrompu* et *L'Empire de toutes les mafias*, coécrits avec la spécialiste Renata Lesnik.

INTRODUCTION

Six ans à peine après l'effondrement de l'URSS, les différentes mafias héritées du soviétisme contrôlent environ 80 % de l'économie et des immenses ressources naturelles de la Russie.

A l'époque, fin 1991, certains économistes estiment que la production du secteur mafieux représente déjà entre 20 et 50 % du PNB. A titre de comparaison, à l'échelle mondiale, ce chiffre varie de 5 à 10 %. Quant aux capitaux échappant à tout contrôle officiel, les spécialistes de la fondation internationale *Reforma* les évaluent à quelque 500 milliards de dollars (1, 2). A l'automne 1997, le chiffre d'affaires du crime organisé pour l'année 1996 avoisine les 70 trillions de roubles. (2) Hier occultes, aujourd'hui incontournables, omnipotentes, opérant en toute impunité, les mafias russes et autres oligarchies financières représentent un État dans l'Etat. Sévissant désormais dans tous les grands secteurs d'activité, elles éliminent impitoyablement les

1. *Izvestia*, 17 juillet 1996.
2. *Izvestia*, 15 octobre 1996.

obstacles de leur chemin : hommes d'affaires, banquiers, percepteurs, parlementaires ou journalistes. Plus de 450 contrats ont été dénombrés rien que pour 1996.

Face à de telles réalités, dans la démocratie embryonnaire d'Eltsine comme dans l'URSS communiste d'hier, personne ne nie plus l'existence des mafias. Pourtant, le problème s'avère des plus complexes. Pour les Soviétiques, les termes mafia et crime organisé avaient la même signification. Et qui dit mafia suppose inévitablement corruption, pots-de-vin et pourboires. Or, il est primordial de ne pas confondre système D, corruption ponctuelle et activités mafieuses.

Considérés comme une humiliante habitude bourgeoise — vestige du passé — les pourboires, officiellement interdits en URSS, ont pourtant été à l'origine de bien des grandes fortunes amassées dans toutes les anciennes républiques soviétiques. En effet, se faire charger par un chauffeur de taxi sans une rallonge substantielle ou dîner au restaurant sans graisser la patte du portier, était impensable. Il fallait également se garder d'oublier le serveur, la préposée au vestiaire, la vendeuse ou le coiffeur. Dans un pays condamné à la pénurie, le verbe russe *dostat'* (se procurer) restait le plus usité du vocabulaire quotidien.

Au fil des années, avec l'expérience, un code social s'instaura et le troc, le donnant donnant, la débrouillardise, devinrent bientôt les seuls moyens de survie. En voici quelques exemples simples : envisagiez-vous de subir une intervention chirurgicale ? Dans ce cas, il importait de ne pas arriver à l'hôpital les mains vides ! Pourchassiez-vous un article introuvable ? Alors, offrir un petit cadeau tel que café, parfum, déodorant, permettait de gagner un temps appréciable. Pour que le fils de famille soit assuré de bonnes notes à l'école ou décroche le baccalauréat à coup sûr, il valait mieux se montrer généreux avec l'instituteur ou le directeur d'école. Contrairement aux usages de la ville, à la campagne une poule bien grasse ou un tonneau de vin faisaient merveille. Arrondir ses fins de mois en bricolant de ci, de là, constituait la principale préoccupation des Soviétiques. Mais ces petites combines dérisoires n'avaient rien de commun avec les affaires des mafias qui, de manière occulte et irréversible, étaient en train de s'approprier toutes les richesses du pays...

Évidemment, la criminalité n'est pas un phénomène récent en Russie où la pègre a toujours existé, dans l'Empire russe comme dans le soviétique.

Mais les mafias ex-soviétiques ne sont pas des organisations criminelles comme les autres. A la fin du XXe siècle, devenues la première force économique, elles constituent le fléau numéro un de la Russie et des anciennes républiques de l'Union soviétique. Dès février 1993, Boris Eltsine lançait ce cri d'alarme :

"Le crime organisé est devenu le danger majeur de notre société", officialisant ainsi, devant la communauté internationale, le diagnostic d'une Russie moderne malade de ses mafias...

Chapitre I

LA NAISSANCE DES MAFIAS SOVIÉTIQUES : DE STALINE A BREJNEV.

En cette fin de siècle, les experts russes se demandent toujours si les mafias existaient déjà du temps de Staline. Cette question ne recevra probablement pas de réponse claire et définitive avant longtemps.

Les partisans de cette thèse s'appuient entre autres choses sur les activités d'une mafia des médicaments qui, dans les années quarante, trafiquait à la fois sur le front et dans les immensités situées au-delà de la Volga, dans une région où les troupes nazies ne sont jamais parvenues. Ils évoquent également les clans qui pillèrent les trésors de l'Eglise orthodoxe russe, interdite par le pouvoir bolchevique juste après la révolution de 1917. D'autres groupes s'adonnaient exclusivement à la contrebande de biens de consommation et de produits alimentaires et ce, avant, pendant et après la Seconde guerre mondiale (que les Soviétiques appellent la Grande Guerre Patriotique et qui, pour eux, s'est déroulée de 1941 à 1945). Sans oublier les organisations spécialisées dans le domaine des œuvres d'art, des objets précieux et des antiquités rares. Au cours d'un blocus resté mémorable, ces dernières ont notamment sévi à Leningrad où se trouvaient rassemblées les richesses de la cour impériale. En ce temps-là, pierres précieuses ou toiles de maîtres changeaient de main pour une bouchée de pain.

Ceux qui sont d'avis contraire affirment qu'il est impossible d'imaginer l'existence de mafias sous Staline car aucune organisation criminelle n'aurait été capable de rivaliser à long terme avec la plus terrible des mafias : l'Etat totalitaire et son cerbère, le NKVD, ancêtre du KGB. Alexandre Gourov, l'un des premiers criminologues russes, se montre formel :

"Un État totalitaire n'aurait jamais toléré l'existence de telles mafias. Le fait que Hitler et Mussolini avaient éliminé toute forme de banditisme dans leur pays est de notoriété publique."

Constatation d'autant plus logique que, avec ou sans la terreur stalinienne, les mafias auraient difficilement pu naître dans les années trente alors que misère et famine ravageaient le pays, puisqu'elles ne surgissent qu'aux endroits où l'économie est suffisamment opulente pour les nourrir. Cette analyse ne vaut toutefois que pour les mafias "classiques", principalement italiennes ou américaines. L'arbre généalogique des mafias soviétiques s'avère quant à lui infiniment plus ramifié et ombreux.

En réalité, les partisans des deux thèses en présence ont à la fois raison et tort dans la mesure où, existant à l'état embryonnaire, les clans mafieux du bolchevisme demeuraient hors d'atteinte, agissant plus ou moins dans le cadre juridique de l'époque. Certes, ravagée par la Première guerre mondiale, la révolution, et la guerre civile qui en résulta, l'URSS survivait difficilement dans une pauvreté évidente. Pourtant, avant de subir ces cataclysmes socio-politiques et militaires, l'Empire russe était considéré comme l'un des plus riches d'Europe. Et quelles que soient les valeurs que les rescapés de la famille impériale et les nombreux émigrés — nobles ou pas — ont réussi à sortir du pays, il demeurait encore une gigantesque puissance économico-financière. Façonnant un État à son image, le parti unique devint seul héritier des ressources naturelles et des richesses de l'Empire russe. On peut donc en déduire que le pillage des possessions de l'ancienne noblesse, les Russes blancs (déclarés "biens du peuple") reste un domaine réservé à la haute hiérarchie, inaccessible au commun des mortels, et justifié par une législation que les nouveaux maîtres façonnent à leur gré. La découverte, dans les années quatre-vingt, de somptueuses collections d'art, de meubles d'époque et d'antiquités appartenant en toute propriété à des dignitaires politiques et militaires de l'ère stalinienne (ou à leurs descendants) ne fait que conforter l'hypothèse.

Cependant, à l'époque, les rapaces piliers du parti communiste ne sont pas seuls à dériver vers une gangrène généralisée car ils sont fidèlement imités par leurs subalternes : les agents des services secrets. Considérée comme l'instrument grâce auquel le régime se forge un nouvel Empire, la Tchéka-NKVD se mue en organisme redoutable et beaucoup plus efficace que ne l'avaient prévu ses créateurs. Mieux informé que ses maîtres, infiltré dans tous les pores de la société, l'exécutant aux pouvoirs illimités deviendra, peu à peu, un État dans l'État. On devine donc aisément le bénéficiaire des fortunes de ces dizaines de millions de Soviétiques, victimes des purges staliniennes, dont on confisquait tous les biens. Organiser ce type de trafics dans un pays dont la population vivote, privée des articles les plus élémentaires, où la demande, pourtant si importante, reste frustrée par une offre quasi-inexistante, paraît un jeu d'enfant. Sans compter que la structure étatique, implantée à travers le pays sous forme de soviets lénino-staliniens, ressemble étrangement à des organisations mafieuses avec ce que cela implique : répartition des territoires, partage du pouvoir dirigé depuis des sommets inaccessibles, armées de racketteurs (dirigeants de tout poil) et d'hommes de main (en uniforme des forces de l'ordre). Parmi les trafics les plus significatifs figurent ceux d'incalculables ressources naturelles et les influences qui en découlent.

Il va de soi que de telles affaires comportent des risques, surtout quand les complices se disputent le partage des bénéfices ou redoutent la trahison. Au temps des purges incessantes, éliminer un concurrent, un témoin gênant ou un confrère "trop informé" ne présentait aucune difficulté. Condamné par l'une des innombrables *troïkas* (tribunal de trois représentants des services spéciaux au verdict sans appel), toute personne accusée d'espionnage, de sabotage, de déviationnisme, etc. pouvait être exécutée sur le champ. Mais réduire les crimes staliniens à un "nettoyage politico-idéologique" de la société serait par trop schématique : combien d'honnêtes citoyens ont perdu la vie notamment à cause de règlements de compte mafieux ! Même les criminels de droit commun se déclarent écœurés des horreurs jadis perpétrées par le système.

Ce monde de la pègre soviétique des années vingt à cinquante semble tout à fait particulier. A l'image du cadre socio-politique et économique dans lequel il évolue, il se met bientôt à s'organiser, à se structurer jusqu'à devenir une caste délinquante dotée de privilèges et de règles propres. Anarchique, la pègre russe a toujours existé : sous Staline, il lui arrivait parfois d'aider les pauvres mais elle n'entretenait aucun contact avec le régime, demeurant en dehors de la politique. En effet, la loi du milieu lui interdisait formellement de nouer des liens avec les représentants du pouvoir. Ce qui la différence essentiellement de ses successeurs des années soixante. Mais, pour le moment, cimenté par le code du milieu, ce monde forme une caste parallèle à la société stalinienne.

En organisme sérieux, les voleurs ont créé une structure calquée sur le Politburo : la *Centrale des voleurs* avec ses ramifications — une sorte de réseau de "cellules de base"—, à travers l'URSS. A l'instar de l'idéologie officielle, les caïds se présentaient comme des Robin des Bois de l'aube du communisme, œuvrant pour la justice sociale et le triomphe des "idéaux révolutionnaires". Dans les années vingt, durant la NEP (*Novaya Ékonomitcheskaya Politika*, Nouvelle Politique Économique) léniniste, les riches hommes d'affaires constituaient la cible de prédilection du milieu. Et le seul nom de Michka

Koultyapyï (dit le Moignon) semait la terreur parmi les *Nepmen* de Moscou. Les méthodes de ce célèbre seigneur du crime étaient aussi persuasives qu'expéditives. Ses lieutenants rassemblaient plusieurs familles fortunées puis, ayant fait mettre ces otages en cercle, ils en décapitaient quelques-uns. Jusqu'à obtenir la rançon exigée. Michka, le poète-psychopathe, tranchait les têtes tout en fredonnant ce refrain :

Je suis un jeune bandit du peuple
Et pour toujours le resterai ;
La liberté est mon idéal
Et les bourgeois, toujours, je combattrai.
J'ai grandi et vécu
En exerçant ma force,
Un esprit pur frémit en moi
Et j'ai juré de lutter
Jusqu'à mon dernier souffle
Contre le joug des *Nepmen*...

Aussi curieux que cela puisse paraître, l'argent ainsi extorqué par les caïds n'était pas destiné à leur enrichissement personnel puisqu'ils le reversaient presque intégralement à l'*obchtchak* — leur caisse commune. Ensuite, les trésoriers décidaient de son utilisation : aider les malfaiteurs emprisonnés ou en fuite, soutenir leurs familles, financer des évasions et, bien entendu, organiser de mémorables festins qui réunissaient autour de la même table la fine fleur du crime. Contrairement aux clans mafieux des sommets du pouvoir officiel qui s'entre-déchiraient pour bâtir des fortunes clandestines, la confrérie des bandits prenait du bon temps. Et tout criminel savait pouvoir compter sur ses pairs en cas de besoin.

Même si ces mondes évoluaient sur deux parallèles, les mutations de la société soviétique ne pouvaient manquer d'influencer la vie du milieu. Au début des années soixante, telle une réplique au fameux "Code moral de l'Homme Nouveau, constructeur du communisme" concocté par les idéologues khrouchtchéviens, les seigneurs du crime élaborent la charte d'honneur du milieu aux préceptes révélateurs des mœurs de l'époque :

"Jamais tu ne pourras te coudre un pantalon avec un diplôme d'honneur ou une distinction, mais efforce-toi d'en obtenir car il n'existe pas de meilleur paravent"; "Respecte ton supérieur hiérarchique devant autrui, mais n'hésite pas à le rabaisser en tête-à-tête"; "Garde toujours par-devers toi des documents compromettants sur ton chef"; "C'est l'argent qui détermine les rapports humains"; "L'homme est un loup pour l'homme", etc.

Il est étonnant de constater à quel point ce code d'honneur du milieu va constituer, par la suite, une législation non écrite régissant l'ensemble de la société post-soviétique. En 1993, Alexandre Routskoï, alors vice-président de la Fédération de Russie, déclare détenir onze valises bourrées de documents mettant en cause la majeure partie de la classe politique. Il promet même de démasquer les personnalités impliquées dans des affaires criminelles pour faire pendre, ensuite, les coupables sur la Place Rouge. C'est alors le nom de Tcherkass (Tcherkassov), l'idéologue de la pègre, auteur du dernier "code moral" du milieu, qui revient instantanément à l'esprit des Russes.

Mais, dans les années cinquante, les deux mondes du crime — la haute société et les bas-fonds- évoluaient encore séparément tandis que des mutations importantes se dessinaient peu à peu dans la classe des "cols blancs" (les dirigeants). Après la mort de Staline, la terreur des répressions, qui réussirent tant bien que mal à contenir les parrains — petits et grands — du Parti, se dissipe. Sous Khrouchtchev, la nomenklatura commence à s'enrichir de manière éhontée grâce à la corruption car elle a pris conscience que toute fonction, surtout politique, peut devenir extrêmement lucrative. Outre les privilèges exorbitants qui l'accompagnent, un poste officiel permet surtout de monnayer le pouvoir. Du jour au lendemain, dans un pays ravagé à la fois par la guerre et une gestion incompétente, où il n'y a plus rien, on trouve soudain de tout. A coup de pots-de-vin. Ainsi, lentement mais sûrement, la corruption se met à tisser sa gigantesque toile d'araignée.

Au début des années soixante, elle gangrène déjà l'ensemble du pays. Pour survivre, tout citoyen se voit périodiquement contraint de recourir au marché parallèle. Les Soviétiques doivent également travailler au noir pour joindre les deux bouts. C'est pourquoi, dénicher un habitant de l'URSS qui n'ait jamais donné ou reçu de pot-de-vin, relève du miracle. L'éminent juriste soviétique A. Larkov rapporte qu'informé d'une escroquerie frisant le million de roubles, Khrouchtchev demeura d'abord incrédule, mettant un certain temps à réaliser la gravité du délit. Après quoi, il donna l'ordre d'exhiber l'escroc à la télévision afin que le peuple puisse contempler la dernière crapule soviétique. L'anecdote prouve à quel point le chef suprême du pays était loin de mesurer l'ampleur du phénomène qui finirait par submerger l'URSS.

A partir de 1964, l'arrivée au pouvoir de Léonid Brejnev ne fait qu'aggraver le processus. S'ensuit alors une longue période de stagnation où les louanges excessives, la poudre aux yeux, l'hypocrisie et le mensonge sont à l'honneur. Sous Brejnev, la classe dirigeante devient paresseuse, magouilleuse, encore plus corrompue.

Simultanément, un peu partout, se montent des ateliers clandestins. Certains ouvriers qualifiés, débrouillards et désireux de nourrir décemment leur famille, n'admettent plus en effet que des montagnes de résidus (textiles, cuirs, métaux) finissent à la décharge. Ils élaborent donc des projets permettant de réutiliser ces matériaux à l'intérieur de l'usine en s'assurant de la complicité du directeur, lui-même couvert par le large parapluie hiérarchique du Parti de la villc, dc la région et ainsi de suite. Très généreusement arrosés. Sans oublier les gradés des commissariats, les miliciens, le pompier de service, le procureur, le directeur du magasin (qui revend cette production fantôme) et les fonctionnaires des organismes de contrôle (frappés de cécité à la vue de comptoirs remplis d'objets "non identifiés", enregistrés nulle part et fabriqués "par personne").

Il va de soi que cette initiative "novatrice" inspire les patrons d'entreprises. Bientôt, des ateliers semi-clandestins se créent un peu partout. Tous complices, les responsables — du directeur au chef de cellule du Parti en passant par l'ingénieur principal, le comptable, le délégué syndical — attestent par écrit que telle quantité de matières premières a été endommagée ou égarée pendant le transport. Usant à la fois des "biens du peuple" et de la main d'œuvre rétribuée par l'Etat, la nouvelle économie de l'ombre se met insidieusement en place. Le bénéfice est partagé entre organisateurs et chefs hiérarchiques, représentants du pouvoir politique, de la loi et de l'ordre. Mais pour que cette industrie prospère régulièrement, les directeurs d'entreprise devaient continuellement l'alimenter en matières premières tout en s'assurant les bonnes grâces du pouvoir, de plus en plus coûteuses.

Selon les experts russes, au début des années quatre-vingt-dix, la production clandestine constituait environ 30 % du PNB soviétique, occupant un ouvrier sur cinq. Incroyablement fertile, le terreau du "marché noir" a permis une reproduction à la chaîne des millionnaires rouges.

Dans le secteur de la production, fleurissent les bilans truqués permettant aux responsables d'empocher des primes imméritées, de se faire décorer indûment, d'être promus. C'est le règne des imposteurs : la nomenklatura du Parti-Etat s'enrichit de manière éhontée. Présent et avenir lui semblent radieux.

Mais à la fin des années soixante, soudain, le monde criminel s'agite. Refusant d'être emprisonnés tandis que les dignitaires volant l'Etat vivent dans le luxe, les hors-la-loi se révoltent. De quel droit ces parvenus jouiraient-ils d'une impunité totale alors que, si on leur appliquait le Code pénal, ils devraient moisir en prison ? Du coup, les criminels déclarent la guerre à l'intouchable nomenklatura, une guerre sans merci. Tous les moyens sont bons : chantage, tortures, rapts, incendies. Les millionnaires clandestins se voient obligés de payer un lourd tribut : en haut de la pyramide mafieuse afin de se faire protéger, et à la base pour sauver leur vie et celles de leurs proches. Vaincue, la nomenklatura pactise avec la pègre. Elle se met donc à protéger les criminels de sang qui, en échange, l'arrosent généreusement.

Totalement banalisés, les pots-de-vin grimpent les étages des ministères, se faufilant jusque dans l'enceinte du Kremlin. Un coopérateur anonyme déclarait en pleine *perestroïka* :

“Le pot-de-vin est à tel point enraciné dans notre vie que ça me fait peur. Pourtant, c'est devenu une banalité... En un mot, le rêve d'un business honnête est terminé “(3).

Désormais, le Parti s'est mué en mafia car les deux mondes — de la politique et du crime — n'en font plus qu'un, sous l'égide des services secrets soviétiques guidés par des intérêts autrement plus ambitieux que ceux des parrains.

---

3. *Ogonyok*, n°5, 1989.

Chapitre II

L'ERE ANDROPOV-TCHERNENKO

Novembre 1982. A la nomination de Youri Andropov comme secrétaire général du PCUS, la majorité des Soviétiques demeura perplexe. Certes, l'URSS possédait le plus efficace des instruments de répression, mais pourquoi l'afficher au vu et au su du monde en propulsant au Kremlin celui qui, depuis 1967, était le patron de la Loubianka (siège du KGB à Moscou) ? Cela signifiait-il que les services secrets avaient pris le pas sur le parti communiste qui détenait toujours, officiellement, le monopole du pouvoir dans cet immense pays ?

En effet, "depuis Brejnev, le Parti était devenu une gigantesque association de truands. Le KGB restait le seul organisme qui fonctionnait. Au fil des ans, il s'est tout bonnement substitué à l'Etat. Les projets étaient préparés au KGB, on y élaborait les stratégies, et le Politburo les entérinait avant qu'elles retournent au KGB pour application. Le vrai pouvoir, c'était le KGB "(4).

---

4. Nick C., « Mafia : à Moscou, qui tue qui ? », *Actuel*, 1994, n° 43-44-45, p. 146-155.

Les intellectuels soviétiques se doutaient, eux aussi, que réduit à l'impotence dans les dernières années de sa vie, Brejnev jouait les potiches. Ainsi, il est clair que, bien avant sa nomination officielle, Andropov dictait déjà ses quatre volontés au Politburo grâce aux dossiers compromettants qu'il détenait sur chacun des membres de ce "cerveau collectif".

A cet égard, le témoignage d'un policier ayant enquêté, dans les années soixante-dix, parmi les diamantaires est suffisamment révélateur :
"On commettait de véritables crimes contre le peuple. Pour mettre un terme à ces vols, il fallait commencer par arrêter le Politburo au grand complet "(5).

Seules des preuves formelles contre des personnages très haut placés, dissimulées en lieu sûr, lui ont valu la vie sauve.

Aujourd'hui, on peut affirmer sans crainte de se tromper qu'Andropov, l'homme le mieux informé du pays, ne pouvait guère ignorer le montant des fortunes des dignitaires du Parti et de l'Etat. Quant à l'opinion publique, ce n'est qu'en 1991 qu'elle apprendra avec stupéfaction, à la faveur d'une perquisition au domicile de Mikhaïl Guéorgadzé, ancien secrétaire du praesidium du Soviet suprême de l'URSS, qu'il possédait 8 kg de diamants, 100 lingots d'or, 40 millions de roubles, 2 millions de devises. Le tout évalué à plus de 3 milliards de roubles (6). Un exemple parmi beaucoup d'autres.

---

5. Lesnik R. et Blanc H., *L'Empire de toutes les mafias*, Paris, Presses de la Cité, 1996, p. 345.
6. A l'époque, le SMIC soviétique valait 60 roubles et un dollar cotait moins de 70 kopecks, NDA.

Connaissant l'existence de nombreux milliardaires clandestins au cœur de la hiérarchie socio-politique, la tâche la plus importante d'Andropov consistait à protéger ces riches corrompus d'une possible colère populaire qui pouvait se révéler des plus destructrices. La stratégie la meilleure consistait donc à sacrifier à la foule les têtes de quelques impudents. Voilà l'explication la plus plausible au fait que, longtemps étouffés, les premiers grands scandales n'éclatent au grand jour qu'à la fin des années soixante-dix.

Ainsi, de très hautes personnalités se trouvent-elles impliquées dans la vente clandestine de caviar vers l'étranger. On chuchote que Brejnev lui-même aurait touché sa part de l'affaire connue sous le nom de code “Océan”... D'autres hauts fonctionnaires sont compromis dans le trafic d'or et de diamants.

En 1980, l'URSS est, à nouveau, en état de choc. Des autorités de la célèbre station balnéaire de Sotchi, au bord de la mer Noire, des chefs du Parti de Krasnodar ct de Guélendjik sont arrêtés. Commence alors ce que la presse baptisera “L'affaire de Sotchi”.

Le maire de la ville, Voronkov, un communiste bon teint au bras long, est inculpé de corruption, d'abus de pouvoir et de conduite immorale. Les Soviétiques se réjouissent du fait qu'il n'existe aucune zone d'ombre pour leur justice nationale. L'espoir renaît : beaucoup d'autres notables corrompus pourraient, tôt ou tard, être jugés et condamnés ! La presse publie une avalanche de détails sur les délits du numéro un de Sotchi. Après Voronkov, viendra le tour de Merzlyï, premier secrétaire du Comité municipal du Parti, député au Soviet suprême. Assisté de sa femme Valentina et de son adjoint, un certain Taranovski, ce chef du Parti régnait en véritable tsar rouge sur le paradis de Sotchi.

Il faut préciser que cette ville unique de 261 000 habitants, s'étend sur une côte de cent cinquante kilomètres, baignée par la mer Noire, et qu'elle jouit d'un microclimat et d'une flore luxuriante qui en ont fait la première station balnéaire du pays. Maisons de repos, sanatoriums et hôtels de luxe y abondent et, tout naturellement, le Comité central du PCUS s'y est réservé plusieurs hectares bordant la plage de sable fin. Protégé de hauts murs, gardé en permanence par des unités spéciales et des chiens policiers, ce refuge paradisiaque n'accueille que les invités du Parti : d'importantes personnalités soviétiques ou étrangères

Sotchi est d'autant plus appréciée que les autorités de la ville dispensent une hospitalité devenue légendaire. A peine prévenu de l'arrivée de hauts dignitaires, le premier secrétaire ordonnait de garnir les réfrigérateurs des "suites spéciales" de caviar, de vodka, de champagne, de mets délicats et de fruits exotiques. Et pour faire glisser le tout, on y buvait des rivières de vieux cognac. Or, ces richesses étant hors de prix dans l'Union soviétique de l'époque, aucun budget n'aurait pu financer de telles agapes. Et pourtant, littéralement inépuisables, les finances du "parrain" de Sotchi concurrençaient le tonneau des Danaïdes. En fait, il avait créé un réseau très au point : nommés grâce à l'intervention du patron de la ville, pour remercier leur bienfaiteur, tous, du responsable de magasin d'alimentation à l'administrateur de cantine en passant par les directeurs de restaurants, d'hôtels ou de marchés publics, satisfaisaient ses moindres désirs. Pour la même raison, dénicher à Sotchi un établissement où l'on pouvait se restaurer ou séjourner sans se faire estamper, tenait du miracle. Sachant que cette ville de rêve attirait annuellement des millions de touristes, on mesure mieux l'ampleur de l'affaire.

A la tête des 22000 communistes de Sotchi, Merzlyï menait grand train, ayant à disposition deux luxueuses Volga noires de l'Etat, équipées de plaques spéciales, de sirènes hurlantes et des gadgets les plus sophistiqués. Lorsque, en janvier 1975, au volant d'une de ces voitures, il renversa une passante, la blessant grièvement, le chef de la police municipale, conscient de son impuissance, se contenta de hausser les épaules. Tout autre citoyen serait allé en prison pour moins que ça, mais pas le premier communiste de la ville qui se situait au-dessus de la loi.

Merzlyï planifia également de se faire édifier un véritable petit "Versailles soviétique" aux frais de la princesse. Les plus grands architectes de la région en dessinèrent les plans et une entreprise locale construisit la demeure en un temps record. Les meilleurs paysagistes dessinèrent les jardins, y plantant fleurs et essences rares. Un généreux mécène fit passer une route jusqu'au portail, d'autres financèrent un grandiose escalier de pierre. Une grande partie des travaux fut réalisée par des militaires que le directeur du restaurant "Le Caucase" mit un point d'honneur à approvisionner en vodka. Le coût total de la propriété fut estimé à plusieurs dizaines de milliers de roubles, mais Merzlyï ne déboursa en tout et pour tout que 4247 roubles et 87 kopecks (approximativement 42000 francs français).

Le 24 août 1981, le vice-procureur d'URSS, Viktor Naïdénov, chargea le Comité exécutif de Sotchi d'inculper le député Merzlyï d'activités criminelles. En un premier temps, soutenu par ses amis influents du Parti, Merzlyï réussit à échapper aux mailles du filet. Au demeurant, les amis en question, Tarada et Karnaoukhov, connaissaient parfaitement ses coupables activités. Par la suite, ils furent, eux aussi, traduits en justice. Bien plus, Médounov, premier secrétaire du PC de la région de Krasnodar, considérant Merzlyï comme le meilleur de ses collaborateurs, affirmait à qui voulait l'entendre que suspecter cet homme reviendrait à s'en prendre directement à lui. Or, ce haut dignitaire était un intime de Leonid Brejnev.

Inexorablement, le filet se resserrait autour de quantité de puissants personnages de la région de Krasnodar d'où les tentacules s'étendaient non seulement vers Moscou mais directement jusqu'au Kremlin. C'en était trop. Même le patron des services secrets soviétiques, instigateur de l'enquête, ne semblait pas avoir envisagé semblable dénouement. Cela explique le limogeage instantané de l'honnête vice-procureur Naïdénov. Coup de théâtre : Alexandre Oudalov, adjoint au département de l'Intérieur de Sotchi, qui avait mené l'enquête avec Naïdénov, est bientôt arrêté. Il en a coûté 52000 roubles à Merzlyï et ses complices pour susciter de faux témoignages compromettant Oudalov et sa famille. Ce haut responsable des forces de l'ordre sera accusé de tous les maux. C'est ce même Oudalov qui utilisa officiellement, pour la première fois de l'histoire soviétique, le terme de "mafia"...

Le dossier fut immédiatement repris par le procureur général Alexandre Rékounov. Afin de brouiller les pistes, quelque neuf cents instructions pour corruption et pots-de-vin ont été ouvertes à Sotchi ; comme il fallait s'y attendre, n'y seront impliqués que de petits truands. Cependant, comme prévu, Voronkov, Merzlyï et sa femme, servant de boucs émissaires pour masquer les pistes menant au Kremlin, passeront plusieurs années derrière les barreaux. L'instruction ne débordera pas du cadre de la station balnéaire et restera dans les annales de la justice communiste et dans la mémoire des Soviétiques, comme "l'affaire de Sotchi".

Néanmoins, Andropov, qui semble désireux de vouloir procéder à un nettoyage en règle du pays, ne s'en tient pas là. Ainsi, dès son arrivée au pouvoir, commence-t-il par assainir les structures du commerce de Moscou : des milliers de responsables, petits ou grands, de magasins, de dépôts et de vendeurs malhonnêtes prendront le chemin de la prison ou des camps. On arrêtera même Youri Sokolov, directeur de la fameuse alimentation centrale N° 1 de Moscou (connu comme le magasin Elisséevskiï bien avant la révolution de 1917). Et pourtant, depuis le temps qu'il fournissait en produits de luxe *l'establishment* de la capitale, à commencer par l'entourage de Brejnev, l'homme semblait intouchable. Peu à peu, on passera les menottes à d'autres directeurs de magasins :

ceux de Novo-Arbatskiï, du GOuM, de Pérovo, de Chtchelkovo. Impossible d'arrêter tout le monde !

Aussi spectaculaires soient-elles, ces arrestations ne suffisaient pas à ranimer une vie socio-économique asphyxiée, à restaurer l'image d'une justice gangrenée à l'instar de la bureaucratie du Parti et de l'Etat. Or, Andropov paraissait bien décidé à secouer vigoureusement l'URSS afin de remettre sur les rails une industrie stagnante, une agriculture agonisante, une culture, des arts coiffés par l'idéologie et manifestement à court d'inspiration. C'est alors que des mots d'ordre comme "Discipline", "Accélération" et "Mobilisation" se mettront à obséder la société. Chose évidente : le coup d'envoi de la *perestroïka* — une notion qui n'apparaîtra dans le vocabulaire mondial qu'à partir de 1985, avec l'accession au pouvoir de Mikhaïl Gorbatchev — avait été donné.

Malgré ces efforts démonstratifs, la population demeurait apathique. La corruption et l'injustice généralisées (les magistrats se trouvant trop souvent à la botte de puissants clans locaux plus prompts à s'enrichir qu'à mettre en pratique l'idéal communiste), démoralisaient le peuple. Le désespoir le plus sombre, l'envie de fuir la réalité, poussaient les Soviétiques vers les paradis artificiels : l'alcool et la drogue. Seule une punition exemplaire infligée à la caste des dirigeants pouvait encore tirer le pays d'une léthargie néfaste. En guise d'exemple, on choisit l'Ouzbékistan (7), l'une des quinze républiques soviétiques, déjà en pleine décadence.

---

7. Lesnik R. et Blanc H., *L'Empire corrompu*, Paris, Robert Laffont, 1990, p. 265.

Andropov en personne ordonne l'ouverture d'une enquête à Boukhara — la perle de l'Orient — à propos d'un banal pot-de-vin.

Débute alors en URSS la plus importante enquête de tous les temps sur la corruption mafieuse. Au total, près de deux cents magistrats, triés sur le volet pour leur intégrité avec, à leur tête, les deux juges anti-mafia Telman Gdlyan et Nikolaï Ivanov, instruisent en Ouzbékistan de 1983 à 1989. Ils engagent des poursuites contre l'ensemble de l'élite politique ouzbèque et des cadres de l'économie car cette république se révèle pourrie jusqu'à la moelle. En effet, chaque année, les responsables se vantent de récolter six millions de tonnes de coton alors que la récolte réelle en représente à peine la moitié. De plus, les distinctions, les postes, les sièges de députés et les portefeuilles ministériels se vendent et s'achètent à prix d'or. Des usines et des ateliers clandestins produisent pour le compte des boyards communistes tandis que la population, plongée dans la misère des esclaves d'autrefois, se débat pour survivre.

Mais, au cours de l'hiver 1984, le climat devient malsain pour ces magistrats : après la mort de Youri Andropov, le poste de Secrétaire général est occupé par Konstantin Tchernenko, chef de file des vieux communistes conservateurs auxquels l'ordre des choses convenait parfaitement et qui n'avaient nulle envie de changement. La même année, à Moscou, des faits curieux se produisent : emprisonné sous Brejnev, condamné à mort sous Andropov, Youri Sokolov, l'ancien directeur du gastronome Elisséevskiï, est exécuté sous le règne de Tchernenko.

Pour l'exemple, bien sûr, mais surtout pour faire taire celui qui savait trop de choses. Pourtant, jusqu'au dernier moment, Sokolov se disait certain d'être gracié. Autre événement bizarre : le suicide, à Moscou, du ministre de l'Intérieur, Nikolaï Chtchelokov. Limogé pour corruption un an plus tôt, il se tire une balle dans la tête. Les circonstances de sa mort demeurent suspectes : lui aussi était trop bien informé...

Entre temps, en Ouzbékistan, à des milliers de kilomètres de la capitale soviétique, l'enquête des juges anti-mafia progresse tant bien que mal. Telman Gdlyan avouera par la suite que la justice a subi des pressions permanentes, à la fois de la part des nouvelles autorités moscovites et des dignitaires ouzbeks. A plusieurs reprises, les magistrats échappent de justesse à des attentats grâce à la protection discrète mais efficace du KGB. Pendant que certains tentent, par tous les moyens, d'étouffer l'affaire, d'autres encouragent les enquêteurs à poursuivre.

Ainsi, au fil des années, le pouvoir politique de l'Ouzbékistan se trouve-t-il, en quelque sorte, décapité : quatre secrétaires et deux membres du Comité central du parti local, le président et le vice-président du Conseil des ministres, sont traduits en justice. Avec eux, sept sur onze premiers secrétaires des comités de régions, une multitude de secrétaires des comités de districts, le ministre et le vice-ministre de l'Intérieur, trois vice-ministres et huit chefs des départements régionaux de l'Intérieur sans oublier de hauts fonctionnaires d'administrations, du commerce, de l'approvisionnement, etc.

Écœurés, les magistrats déroulent les fils de cette inextricable toile d'araignée qui, tous, convergent vers Moscou. En 1989, vibrant d'indignation, le juge Gdlyan pose une question brûlante : "Et Gorbatchev dans tout ça?" Il en profite pour rappeler publiquement que, dès 1978, ce dernier était le responsable de l'agriculture au sein du Comité central :

"Évidemment, Gorbatchev s'occupait aussi du coton et se rendait très souvent en Ouzbékistan." Aujourd'hui, plus personne ne réfute les gigantesques malversations commises autour du coton ouzbek, qui ont rapporté des millions de roubles à leurs auteurs. Plus personne ne nie l'impossibilité d'ignorer ces fraudes, simplement parce que les données élémentaires ne coïncidaient pas. Gorbatchev était-il le seul à ne rien voir à l'époque? (8)

A partir de 1987, de l'Asie centrale, les juges anti-mafia frappent avec insistance aux portes de Moscou, assurant à qui veut les entendre qu'il n'existe ni "affaire ouzbèque", ni "scandale du coton". En fait, preuves à l'appui, ils affirment avoir déterré une monstrueuse "affaire du Kremlin". Déjà, l'équipe Gdlyan et Ivanov s'apprête à appréhender des membres du Comité central et du Politburo : Grichine, Romanov, Aliev, Solomentsev, Kapitonov, Smirnov et enfin Ligatchev, considéré comme le numéro deux du régime. Mais seul Youri Tchourbanov, gendre du défunt Leonid Brejnev, sera sacrifié (condamné à douze ans ferme, il ne purgera d'ailleurs que la moitié de sa peine).

---

8. Lesnik R. et Blanc H., *L'Empire corrompu*, Paris, Robert Laffont, 1990, p. 265.

En 1989, Gorbatchev perd patience. Fou de rage, il claque les portes blindées du Kremlin au nez de la justice. Dessaisis du dossier, Gdlyan et Ivanov sont mis à pied et menacés d'être jugés pour "irrégularités dans l'enquête". Fait significatif : grâce à Gorbatchev et au parquet de l'époque, les autres accusés mis en cause par l'équipe Gdlyan-Ivanov seront relaxés "faute de preuves".

Ainsi s'achèvera la première et dernière instruction de cette envergure jamais conduite en Union soviétique. Mais ces incorruptibles conservent le mérite d'avoir donné un grand coup de pied dans la gigantesque fourmilière mafieuse d'un empire agonisant.

Chapitre III

L'ERE GORBATCHEV

Les années 1985 à 1991 sont, à juste titre, considérées comme l'âge d'or des mafias soviétiques. Avec l'arrivée au Kremlin de Mikhaïl Gorbatchev, le pouvoir intensifie les bouleversements, démocratisation politique que le monde a connue sous le nom de *perestroïka* (reconstruction). Malgré le but annoncé de remettre sur les rails une économie en déclin, en réalité, les changements devaient être beaucoup plus radicaux : il s'agissait en fait de démolir un édifice lézardé de toutes parts, construit sur des dogmes idéologiques périmés, pour poser les fondations d'un bâtiment tout neuf basé sur une économie de marché fiable. Projet difficile, s'il en est, dans cet empire immense occupant un sixième de la terre, composé d'environ cent ethnies (194 selon le recensement de 1926), de quinze républiques et de traditions aussi différentes que celles des pays Baltes, de l'Asie Centrale ou encore des États du Caucase. D'autant que, fortifié par de longues décennies de totalitarisme et de planification à outrance, le régime soviétique semblait inébranlable et comme éternel. Le moindre signe de relâchement politico-idéologique pouvait transformer 300 millions de Soviétiques apathiques en force destructrice incontrôlable. Il fallait également compter avec la nomenklatura du Parti et de l'Etat, coiffant l'armée, la justice et les organes de répression. Solidement accrochée à ses privilèges, figée dans une idéologie immobile, la vieille garde entravait tout changement. Mikhaïl Gorbatchev avait donc fort à faire pour donner un souffle nouveau à un système usé. Souvent critiqué à l'intérieur du pays pour son indécision permanente et ses formules vagues donnant lieu à bien des interprétations, le caractère ambigu du dernier secrétaire général du PCUS, qui restera aussi le premier et unique président de l'URSS, ne fut pleinement apprécié qu'à son départ du Kremlin. En effet, en guise d'hommage à celui qui faisait ses adieux en direct à la télévision, en décembre 1991, un puissant parrain de Moscou déclara à la presse :

"Nous allons lui élever une statue d'or massif grandeur nature!"(9). Apparemment, en remerciement des fabuleuses possibilités offertes par Gorbatchev aux mafias soviétiques en engendrant le chaos économique que l'on sait.

Aujourd'hui encore, Mikhaïl Serguéïévitch demeure, pour les ex-Soviétiques, un Janus à deux visages, au double langage. Il fallait, de leur point de vue, une maestria inouïe pour jurer être un pur produit du marxisme-léninisme tout en œuvrant — volontairement ou non —, à la destruction de la société,

---

9. Lesnik R. et Blanc H., Pouvoirs et mafias, *Version originale*, spécial CEI géopolitique eurasienne, 1993, N°2, p. 93-102.

du régime soviétiques. Les Russes le voient comme un leader du passé qui a trahi à la fois les communistes et les démocrates. Au demeurant, la photo du numéro un soviétique dirigeant, en 1988, la partition intitulée *Lénine*, a fait le tour du monde. Et pourtant, ses efforts pour donner le coup de grâce au communisme étaient alors maximaux.

Malgré l'opposition de conservateurs comme Nina Andrééva, une stalinienne de Leningrad, qui "refusait de renoncer à ses principes", la *perestroïka* avançait tant bien que mal, de manière plutôt incohérente vue du pays. Si, au début, les intellectuels sont heureusement surpris du ton nouveau des discours de Gorbatchev, dès le 1er juin 1985, leur enthousiasme est douché : en déclarant la guerre à l'alcoolisme, le leader de l'avenir repart en arrière. Certes, en finir avec ce fléau national était essentiel car, en 1984, la consommation moyenne (calculée en alcool absolu à 96°) avait dépassé douze litres par habitant et par an. Avait-t-on déjà oublié que, dans le passé, les autorités successives décrétaient "une lutte sans merci" contre l'alcoolisme plusieurs fois par quinquennale? Gorbatchev faisait-il fausse route? Pourquoi semblable décision dès son accession au pouvoir ? Les Soviétiques se perdent en conjectures. Finalement, ces mesures se révéleront tout aussi inefficaces que celles de ses prédécesseurs. En 1988, la loi sèche sera abolie mais aujourd'hui encore, faute de données fiables, les experts ne parviennent pas à en évaluer les pertes financières. La vente d'alcools constituant en effet une bonne part des recettes du commerce national (selon les sources, différents spécialistes soviétiques estimaient ce bénéfice dans une fourchette de 25 à 50% du PNB); l'URSS aurait ainsi perdu entre 43 et 76 milliards de roubles chaque année. Multiplié par 2 ou 3, ce déficit a rempli les caisses des mafias de l'alcool. Des milliers d'opportunistes ont donc fait fortune impunément en produisant et en commercialisant de l'alcool artisanal (*samogon*) ou clandestin. Quant au préjudice causé par la destruction des vignobles de Moldavie et d'Azerbaïdjan (l'une des principales ressources de leurs économies nationales respectives), des distilleries et des brasseries, il demeure impossible à chiffrer. Les experts en sont encore à se demander si ce désastre économique n'aurait pas été programmé à seule fin de servir les intérêts de l'économie de l'ombre...

Quoi qu'il en soit, officiellement destinée à protéger la santé publique, l'opération provoqua des ravages parmi la population. En quête de produits de substitution, les Soviétiques se mirent à consommer n'importe quoi : eau de Cologne, antigel, méthanol pur. Mais la conséquence la plus néfaste de la lutte gorbatchévienne contre l'alcoolisme, fut la multiplication par trois, voire plus, de leur consommation de drogues et de produits toxiques. Rien n'arrêtait les toxicomanes, pas même les sanctions prévues qui pouvaient aller jusqu'à la peine de mort. Bien des gens en moururent, d'autres tombèrent gravement malades (10). Difficile de déterminer le bénéfice réalisé à l'époque par les mafias des stupéfiants, mais il doit être vertigineux.

---

10. Lesnik R. et Blanc H., *L'Empire corrompu*, Robert Laffont, 1990, p.265.
Lesnik R. et Blanc H., *L'Empire de toutes les mafias*, Presses de la Cité, 1996, p.345.

Et assuré de l'impunité puisque seuls des centaines de milliers d'alcooliques, enfermés dans des LTP (prisons) seront "désintoxiqués par le travail" en guise de punition. Fait passé inaperçu à l'étranger, à cause de cette loi encore inexplicable, rebaptisé : "secrétaire minéral", Gorbatchev avait déjà perdu tout crédit aux yeux du pays.

Toutefois, le 1er juillet 1986, le premier soviétique n'hésite pas à déclarer ouverte la chasse aux revenus parallèles, c'est-à-dire ne provenant pas d'un salaire officiel. Cette nouvelle loi paralyse complètement le pays. Du jour au lendemain, les Soviétiques, qui n'ont jamais véritablement réussi à vivre de leur seul travail, se croisent les bras. Même à la maison, ils hésitent à planter un clou, craignent de laver les vitres, de tricoter un pull-over ou de coudre un ourlet. Dans les champs du kolkhoze comme sur leurs lopins de terre, ils regardent la récolte pourrir sur pied. Les marchés se vident parce que les paysans n'osent plus y vendre les légumes de leurs potagers sous peine d'être taxés de "vils spéculateurs". Désormais, aucun particulier n'ose plus conduire à l'hôpital un passant victime d'infarctus dans la rue. Une vague d'absurdité submerge le pays. Mais la population n'a pas tout à fait tort puisque le châtiment ne se fait pas attendre. Bientôt, environ deux millions de fraudeurs sont expédiés en prison ou dans les camps de travail de Sibérie. A la fois pour l'exemple et afin que la milice atteigne les quotas d'arrestations imposés.

Les Soviétiques vivent sous pression jusqu'à la première explosion sociale de décembre 1986 lorsque les habitants d'Alma-Ata, capitale du Kazakhstan, manifestent dans la rue. Conformément à une très longue tradition, malgré la *glasnost* prônée à tous vents, le Kremlin affirme qu'il s'agit de manifestations d'étudiants. Au même moment, en Europe et notamment en France, les étudiants étaient aussi dans la rue. Cette explication banalise donc l'affaire. Pourtant, pas un journaliste, qu'il soit soviétique ou étranger, ne sera autorisé à couvrir l'événement sur place et aucune information sur ces revendications estudiantines ne filtrera dans les dépêches de l'agence TASS.

Néanmoins, dès le lendemain, Mikhaïl Gorbatchev rend publique une nouvelle loi réfutant totalement l'interdiction légale de "revenus parallèles". Soudain, le travail individuel est non seulement autorisé, mais vivement encouragé. L'Etat garde le monopole de l'idéologie dans toutes les activités qui touchent, de près ou de loin, à l'édition, la presse, l'organisation de spectacles, la reproduction d'articles ou de nouvelles, même photocopiés. Le leader lance un nouveau slogan : "Est permis tout ce qui n'est pas interdit par la loi!" Difficile de décrire la perplexité des Soviétiques, condamnés à mémoriser la liste des activités interdites la veille, autorisées dès le lendemain...

Beaucoup plus tard, on apprendra grâce à une indiscrétion (sans doute délibérée) que, début 1987, des membres du Comité central du PCUS et du KGB tenaient un conseil de crise ; une seule question figurait à l'ordre du jour : conserver le régime à tout prix. En réalité, face à un Parti moribond, gangrené par la corruption, les services secrets entendaient s'arroger les pleins pouvoirs. Pour ce faire, on crée *in extremis* une "armée de l'ombre" dotée des gadgets les plus sophistiqués, de moyens et de pouvoirs illimités. Sa mission très spéciale consistait à infiltrer les collectifs des entreprises, des usines et des grandes institutions. Par une espèce de coup d'Etat discret, d'instrument au service d'un Parti discrédité, le KGB se hisse alors au rang de seigneur et maître.

En fait, la *glasnost* sert de paravent aux changements radicaux qui se produisent en coulisses. Mieux encore. Assoiffés de liberté d'expression, les Soviétiques (habitués à refaire à voix basse le monde dans leur cuisine, considérée à tort ou à raison comme la seule pièce où enregistrer une conversation était impossible), aspirent à se regrouper dans des associations informelles. Bientôt, on en recensera 30.000 dont les plus influentes semblent les Fronts populaires — ou mouvements nationalistes — aussitôt suivies par la création d'organisations d'opposition baptisées *Edinstvo*. A l'Est comme à l'Ouest, la plupart des gens ignorent que d'innombrables agents du KGB, spécialement formés, chargés "d'observer et d'influencer les masses" pour empêcher une *Solidarnosc* à la soviétique, les manipulaient très souvent. Impossible de comptabiliser les effectifs de cet organisme omnipotent, également appelé les "organes", les "services compétents" ou encore les "services spéciaux". Grâce à un recrutement permanent épaulé par une sélection ingénieuse, un Soviétique sur quatorze (ou sur dix, selon d'autres sources) finit par travailler pour le KGB comme mouchard ou agent d'influence. Voilà pourquoi, lorsque l'opinion (pays Baltes en tête) exigera des comptes et les noms des indicateurs, cette véritable armée n'en deviendra que plus acharnée.

En 1987, rien n'est encore joué. Si le contrôle des masses, de leur maturité socio-politique reste possible, l'économie, elle, se dégrade de manière inquiétante. Les demi-mesures (affermage d'entreprises, autofinancement, expertise étatique de la qualité des articles par le *Goskontrol*) ne donnent aucun résultat durable. Parallèlement, les forces de l'ordre, mal payées, sous équipées, impopulaires, s'avouent impuissantes face à la montée en flèche de la criminalité. En effet, à l'instar des adultes, les adolescents s'enfoncent à leur tour dans la violence, la drogue et le crime. Un peu partout, à Mourmansk (au-delà du cercle polaire du Nord), à Leningrad, à Simféropol (au bord de la mer Noire) pullulent des groupes de jeunes fascistes, qui suivent un entraînement militaire, se vouant corps et âme à l'idéologie nazie. Cette montée en puissance du nazisme inquiète particulièrement dans le pays qui a payé le plus lourd tribut en vies humaines durant la Seconde guerre mondiale pour vaincre le IIIème Reich. Le phénomène est encadré par une rigoureuse organisation : légions armées, camps d'entraînement, meetings politiques, uniformes, croix gammées, salut fasciste, publications de propagande... Rien ne manque. Pas même un antisémitisme exacerbé, cette condamnable tradition de la Russie tsariste qui semble renaître aujourd'hui avec plus de force, plus de haine encore que par le passé dans un Etat déstabilisé et chaotique.

Déjà, la notion de "mafias" — autre forme de totalitarisme —, commence à obséder les Soviétiques,

qui savent pertinemment qu'elles contrôlent l'essentiel des réseaux de commerce et d'approvisionnement. Ainsi, dans les files d'attente serpentant devant des comptoirs vides alors que des tonnes de produits alimentaires pourrissent dans les décharges, les clients échangent les dernières nouvelles :
“La mafia est arrivée en Volga noires ; elle a versé à chacun un mois de salaire nous ordonnant de cesser le travail pour la journée. Et pourtant, il restait des dizaines de wagons de marchandises à décharger...”
Volés, produits alimentaires et articles courants étaient revendus à prix d'or au marché noir. A la fin des années quatre-vingt, la presse pousse un cri d'alarme: environ 17 trains de marchandises disparaissent journellement en territoire soviétique. Pour mieux s'enrichir, les clans de l'économie de l'ombre ont créé la pénurie. Loin de s'en cacher, ils revendiquent la paternité de cette idée de génie. Évidemment, il s'agit d'une pénurie particulière puisqu'artificielle, organisée et gérée par les réseaux mafieux. En fait, de quels clans s'agit-il? En 1991, à la fin de l'ère gorbatchévienne, un racketteur protégé par l'anonymat, se montrera parfaitement explicite: “Presque toujours, ce sont le KGB, la nomenklatura et la milice qui organisent la pénurie. Souvent nos mafiosi travaillent main dans la main avec les forces de l'ordre” (11).

L'année 1987 deviendra celle des coopératives. Dorénavant, les Soviétiques peuvent créer des sociétés

---

11. Lesnik R. et Blanc H., *L'Empire de toutes les mafias*, Presses de la Cité, 1996, p.345.

et obtenir, difficilement, des prêts bancaires. Les termes de "spéculation" et "spéculateurs" sont officiellement bannis du vocabulaire usuel alors que des centaines de milliers de détenus, condamnés comme tels, purgent encore leur peine. Les travailleurs découvrent que l'on peut être son propre patron. Incroyable! Donner à chacun la même chance de départ. Après tout, ce Gorbatchev a peut-être du bon?

Les forces de l'ordre n'en reviennent pas quand, en mai 87, juste après l'entrée en vigueur de la loi sur la libre entreprise, le ministre de l'Intérieur Vlassov leur ordonne secrètement de ne pas se mêler des affaires des nouveaux "coopérateurs"(12). Interdiction absolue de contrôler le fonctionnement des coopératives, vérifier leur comptabilité, rechercher l'origine des capitaux investis ou même de pénétrer dans leurs locaux. Les miliciens affichent une perplexité encore plus grande quand, six mois plus tard, on leur impose de réagir instantanément à la moindre plainte d'un entrepreneur et, au besoin, d'éplucher ses comptes. Apparemment, l'argent sale des nomenklaturistes mafieux était déjà blanchi tout comme celui du PCUS et de l'Etat. Ces premières structures légales d'une économie de marché naissante sont mises en place avec la participation effective d'entrepreneurs plus ou moins liés au KGB.

Si les affaires de cette avant-garde du capitalisme prospèrent sans difficulté, il n'en va pas de même pour

---

12. Lesnik R. et Blanc H., *Qui abattra Eltsine ?*, Paris, Le Rocher, 1992, p. 220.

le business du Soviétique moyen. Qu'il s'agisse d'obtenir un crédit, d'affermer des hectares de terre, de louer locaux ou équipement, l'apprenti patron se heurte aux murs de la bureaucratie. Seuls de juteux pots-de-vin permettent de résoudre les "montagnes de problèmes" et de débloquer les dossiers. Quant au paysan qui parvient à mettre sur pied sa propre exploitation, il devra également distribuer des bakchichs pour vendre sa récolte. Au total, les dépenses se révèlent beaucoup plus importantes que les recettes. Ainsi, à peine enregistrées, beaucoup d'entreprises se désintègrent-elles, laissant des téméraires couverts de dettes puisque la notion de faillite commerciale n'existe pas encore.

Ce flou socio-économique constitue une belle aubaine pour d'innombrables fonctionnaires (désignés comme la mafia "en cols blancs"), qui en profitent pour se constituer un "capital de départ". Des responsables d'entreprises d'Etat — petits ou grands — en cheville avec les piliers locaux du pouvoir, de la justice, de la police coiffés par les services secrets, s'approprient alors les biens du peuple, pillant notamment les immenses ressources naturelles. Une vertigineuse dégradation morale gagne le pays. Faire de l'argent à tout prix devient l'unique objectif.

L'apparition de ces nouvelles structures économiques favorise le développement d'une autre activité juteuse : le racket. Bientôt, des bandes armées, organisées, surentraînées, se mettent à partager territoires et zones d'influence. Tout paysan, venu vendre sa production agricole à la ville, doit payer son emplacement au marché à deux reprises : d'abord aux fonctionnaires officiels, ensuite, à ces nouveaux "gérants". Là aussi, les malfrats font la loi, fixant les prix et allant jusqu'à contrôler les tractations. Il arrive même qu'ils achètent aux paysans tout ou partie de leur production pour la détruire immédiatement. Les petits commerces n'échappent pas à la règle : rackettés, ils doivent payer leur tribut sinon un malencontreux incendie pourrait faire partir leur boutique en fumée. Les racketteurs se montrent très persuasifs : tortures, rapts, assassinats sont pratiqués couramment. L'homme de la rue prend conscience de la violence quotidienne des grandes villes. Le terme italien de mafia est sur toutes les lèvres et le mot racket fait irruption dans le langage. La drogue commence à se vendre au grand jour, sous les yeux de miliciens complices. Les Soviétiques vivent de plus en plus mal, mais le pire reste encore à venir.

Durant l'ère Gorbatchev, ça et là, à travers l'URSS, explosent des revendications nationalistes, envenimées par la haine. Les guerres inter-ethniques se multiplient. Par milliers, les habitants de l'Ouzbékistan fuient l'enfer des pogroms où des bandes armées massacrent tout ce qui n'est pas ouzbek. Arméniens et Azéris s'entre-tuent au Nagornyï-Karabakh. Les noms de Fergana, de Novyï-Ouzen deviennent synonymes de mort tout comme ceux de Soumgaït, d'Agdam, d'Och et, plus tard, de Tbilissi, Minsk, Riga, Vilnius ou Kichinev. Derrière les exactions, les tueries, les incendies et les pillages, se profile l'ombre des mafias qui attisent les foyers des guerres nationalistes, manipulant des populations parfois primitives. En effet, outre la vente d'armes aux deux belligérants — un commerce très lucratif —, elles font fortune avec les trafics de drogue, d'alcools, la vente de filles et même d'enfants. Car, dans l'URSS de l'époque, tout a une valeur marchande, excepté la vie humaine. Bientôt, les réfugiés errant à travers le pays à la recherche d'un toit, de travail ou de pain, se comptent par millions. Les clans leur procurent alors de la nourriture à prix d'or : à l'origine, il s'agit, le plus souvent, de l'aide humanitaire occidentale détournée par eux pour mieux contrôler la pénurie.

Le 12 février 1990, le juge Vladimir Oleïnik relate les combats meurtriers de Douchanbé (au Tadjikistan). Son témoignage permet d'en analyser le mécanisme déclencheur :

"Trois mois avant les événements sanglants de Douchanbé, l'un des "idéologues" de la mafia locale est venu me trouver. En présence de douze personnalités du pays, nous lui avons organisé une conférence de presse à l'Union des journalistes. Agé de vingt-sept ans, diplômé de deux grandes écoles, notre "invité" était sans travail et portait un faux nom car, à vingt-trois ans, il s'était déjà fait passer pour mort, réglant lui-même son enterrement. Ce jeune inconnu a exactement prédit les événements de Douchanbé. En effet, des politiciens très haut placés avaient passé commande à son clan qui se préparait à honorer le contrat" (13).

Trois mois après, la tragédie se déroula selon le scénario exposé par ce stratège mafieux. A la réflexion, le juge Oleïnik estime que les mafias ne sont

---

13. Lesnik R. et Blanc H., *Qui abattra Eltsine ?*, Paris, Le Rocher, 1992, p. 220.

pas seules à attiser les conflits inter-ethniques ; elles opéreraient, selon lui, sur ordre des dirigeants du Parti qui tenteraient, à tout prix, de retenir un pouvoir qui leur échappe.

Aujourd'hui, avec le recul, on constate à quel point la plupart des économistes internationaux, qui ne pensent que par chiffres, ont eu tort d'ignorer la place et le poids des mafias soviétiques dans la société d'un empire corrompu tout en refusant l'évidence : ces changements, bel et bien été programmés par les deux armatures indéfectibles du pays, le PCUS et le KGB, ont également enfanté un phénomène mafieux entièrement à leur service.

Pourtant, après leur ralliement enthousiaste à Gorbatchev et son langage nouveau, rapidement déçus, les intellectuels soviétiques les plus lucides n'ont cessé de le critiquer tout en s'interrogeant à son sujet. En fait, ils tentaient de découvrir le jeu du pouvoir et le rôle réel qu'y jouait le secrétaire général. En effet, les hésitations, les incohérences, les contradictions entre ses actes et ses paroles ne leur ont pas échappé. Ils relèvent que le leader dénonce la corruption mais ferme néanmoins les yeux sur les privilèges exorbitants dévolus à l'État-major, à la Défense, à l'Intérieur et, bien entendu, au KGB. Certes, la *glasnost* est de rigueur, néanmoins pas un des problèmes dévoilés par la presse n'est réglé par le gouvernement. Très vite, les journalistes constatent leur impuissance : avant 1985, tout article critique ayant franchi le cap de la censure faisait tomber des têtes. Depuis l'instauration de la transparence, les révélations les plus brûlantes se heurtent à l'indifférence, à l'inaction du pouvoir. Sans oublier que cette *glasnost* a ses limites et que celui qui les franchit risque gros. Il faut bien se rendre à l'évidence : certains thèmes demeurent toujours tabous.

Autre constatation illogique : plus on déplore la faiblesse des forces de l'ordre (sous-équipées, sous-payées, insuffisantes), plus les effectifs augmentent en et moins ils semblent lutter contre la criminalité. Dès l'automne 1989, la spécialiste de l'économie de l'ombre Tatiana Koryaguina tirait le signal d'alarme:

"Nous vivons en état de guerre civile : la guerre de la mafia contre le peuple. Et personne n'en parle..."

L'autre avertissement de l'économiste, qui pronostiqua le vrai faux putsch d'août 1991, mérite quelque attention. Elle affirmait en effet qu'à la faveur du chaos régnant dans le pays, le Politburo, l'entourage de Gorbatchev et les services secrets se préparaient à écarter ce dernier du pouvoir. S'étonnant du rapprochement contre nature entre conservateurs et père de la *perestroïka,* Koryaguina met Gorbatchev en demeure de s'expliquer :

"Il doit informer le peuple des raisons pour lesquelles il fait cause commune avec eux!"

Celui-ci ne répondra que de retour à Moscou, après le "putsch manqué" d'août 91 :

"Je ne dirai rien de ce que je sais!"

Et pourtant, deux ans avant l'événement, Tatiana Koryaguina avait été explicite : "Ces différents éléments peuvent conduire à un putsch des conservateurs."

Toute la question est de savoir si Gorbatchev, prévenu entre autres par Chévardnadzé et Yakovlev sans compter les Américains parfaitement informés du projet, aurait pu déjouer le putsch qui précipita la désintégration de l'URSS? Si le numéro un soviétique préfère se taire sur ce point, d'autres se sont exprimés à sa place. Ainsi, à différentes reprises, l'ancien vice-président du KGB, Filip Bobkov, a reconnu :

"Dès 1985, le KGB avait parfaitement compris que l'URSS ne pouvait se développer sans la *perestroïka*".

Ce que confirme Vladimir Krioutchkov, alors président du même KGB :

"Les organes de la Sécurité de l'Etat furent les premiers, bien avant 1985, à lancer une formule devenue par la suite un lieu commun : "On ne peut plus vivre ainsi!"

En reconstituant le puzzle, une chose paraît claire : la *perestroïka* visait à détruire la société soviétique afin de la remplacer par une autre à l'issue d'une révolution discrète et sans violence excessive, associée à un régime politique modernisé. *Exit* donc le PCUS, totalement discrédité sous Gorbatchev, ramassis de clans multiples et rapaces éloignés — ô combien — de l'idéal originel et première victime apparente de la *perestroïka* (auquel, en août 1991, Boris Eltsine, déjà président de la Russie, donnera le coup de grâce). Or, aux législatives de 1995 et aux présidentielles de 1996, tel un phénix renaissant de ses cendres, le nouveau parti communiste de la Russie apparaît plus proche de la sociale-démocratie que du communisme orthodoxe. Depuis, il contrôle toujours la Douma (chambre basse du parlement) et vise la présidence du pays bien que ses chances paraissent plutôt minces.

Et si la stratégie du KGB de modifier la société soviétique à sa guise confirmée, entre autres, par deux de ses anciens patrons, était en passe de réussir? La Russie pourrait alors se muer à court terme en État autocratique, chapeauté par des politiciens, eux-mêmes corps intermédiaire entre citoyens et services secrets mafieux (tel semble d'ailleurs le cas depuis 1985). Ainsi, le parti communiste ne constituerait plus que l'une des nombreuses formations politiques sous contrôle...

Chapitre IV

L'ERE ELTSINE

Premier président de la Russie élu au suffrage universel le 12 juin 1991 lorsque l'URSS existait encore, Boris Eltsine fut d'abord considéré par l'Occident comme l'adversaire de Mikhaïl Gorbatchev. Profondément admiré à l'intérieur de son immense pays, le nouveau leader ne commencera à être apprécié de la communauté internationale qu'en ce jour d'août 1991 où les téléspectateurs du monde entier purent le voir en direct monter sur un char — le drapeau russe (blanc-bleu-rouge) à la main —, pour faire échouer le putsch des conservateurs. Qui a oublié cette lamentable parodie de "putsch", maladroite et cousue de fil blanc, qui se prolongea trois jours durant à Moscou? Si, à l'époque la classe politique mondiale s'est interrogée sur les finalités de l'événement, un peu plus tard, l'évidence s'imposa d'elle-même : le temps était venu de donner le coup de grâce au régime communiste dont l'agonie s'éternisait. En effet, de nouvelles structures économiques embryonnaires étaient déjà en place, devançant de beaucoup les bases politico-idéologiques de la future société. Et les bourgeoisies nationales, elles aussi, avaient hâte de s'approprier leur part de richesses tout en préservant leur pouvoir sous couvert d'indépendance et de souveraineté.

Rien d'étonnant donc si des hommes d'affaires — banquiers frais émoulus, responsables de bourses et de commerces — ont apporté des sacs et des valises bourrés d'argent au siège du parlement russe en guise de première contribution à la nouvelle construction étatique, élaborée avec méthode. Inutile de s'interroger sur la provenance des capitaux investis dans la pléthore d'entreprises privées existantes. Ainsi, aussitôt après l'échec du prétendu putsch, ayant délogé "l'ancienne nomenklatura de ses spacieux immeubles, les "démocrates romantiques" découvraient d'édifiants documents dans les archives du Comité central. Il ne leur restait plus qu'à détecter combien de communistes au total avaient pu parapher ce contrat type :

"Je, soussigné (e) camarade X, membre du PCUS depuis le..., numéro de carte..., m'engage par la présente, de manière consciente et volontaire, à devenir une personne de confiance du Parti prête à exécuter ses ordres en secret. Je promets de préserver et d'utiliser, dans l'intérêt du Parti, les moyens matériels et financiers qui me seront confiés et dont je garantis la restitution à la première demande. Je m'engage à rendre au Parti, qui en demeure le propriétaire exclusif, l'intégralité des bénéfices réalisés durant mon activité économique et ce, à tout moment, n'importe où. Et je jure de garder secrètes les informations qui me sont confiées par les responsables de cette mission. Le ... juillet 1991."

L'un de ces documents porte la mention : "Exemplaire unique. Ultra confidentiel. A réaliser exclusivement en accord avec le KGB" (14).

Cette gigantesque opération de "recrutement" explique la raison pour laquelle, quelques semaines avant le putsch, une activité financière débordante avait saisi la Russie. En effet, "de nouvelles structures proliféraient à une vitesse ahurissante, telles la Glavmosstroï-bank, la banque Rossia de Saint-Petersbourg ou encore la Kompartbank d'Alma-Ata. Comme des champignons sous la pluie, poussaient d'innombrables PME (Galaktik), SARL (Djobrous, Holding Limited), *joint-ventures* (Vizit, Lingvest), etc. Des centaines d'entreprises et de sociétés mixtes naquirent ainsi en participation avec des Occidentaux"(15).

Cependant, en ce mois d'août 1991, à peine descendu de son char historique, Boris Eltsine proclame la dissolution du PCUS. Principal motif invoqué : le Parti a dévalisé le pays en plaçant clandestinement ses capitaux à l'étranger. "Bientôt, par l'intermédiaire de l'économiste Grigori Yavlinski, Gorbatchev laisse entendre que la réserve d'or de l'Etat soviétique (d'environ 2.000 tonnes) est tombée à 240 tonnes "(15). A l'annonce de la nouvelle, le monde reste sous le choc. Se défiant de leurs propres enquêteurs (connaissant parfaitement ceux qui avaient

---

14. Lesnik R. et Blanc H., *L'Empire de toutes les mafias*, Presses de la Cité, 1996, p. 345.
15. Lesnik R. et Blanc H., *Qui abattra Eltsine ?*, Paris, Le Rocher, 1992, p. 220.

réussi à faire sortir ces lingots du pays), "les Russes chargent le cabinet américain *Kroll International* de retrouver le trésor disparu. Or, confiants au début, les détectives d'outre-atlantique s'essoufflent rapidement. Les ex-Soviétiques se perdent alors en conjectures : ces hommes ont-ils été achetés pour abandonner les recherches, les a-t-on menacés ?"(15).

Le géologue Alexandre Portnov affirme quant à lui que, de 1988 à 1990, Mikhaïl Gorbatchev autorisa la vente de 1200 tonnes d'or soviétique, cassant les cours mondiaux ; le préjudice ainsi causé à l'URSS s'élèverait à environ 3 milliards de dollars.

Pour le cinéaste Stanislav Govoroukhine, qui siège à la Douma, la réalité est beaucoup plus prosaïque. En effet, en mars 1992, Egor Gaïdar aurait versé aux Américains un premier acompte de 1,5 million de dollars. Bientôt, des rapports se mirent à affluer sur son bureau, précisant les fabuleux avoirs cachés à l'étranger, les numéros de compte et les noms de leurs possesseurs. Mais ces informations auraient laissé le Premier ministre par intérim interloqué : en effet, la majorité des personnalités mises en cause constituait la nouvelle élite démocratique du pays, que ce soit dans le domaine politique ou économique. Rendre ces faits publics équivaudrait donc à un suicide collectif sans précédent. Toujours à en croire Govoroukhine, qui

---

15. Lesnik R. et Blanc H., *Qui abattra Eltsine ?*, Paris, Le Rocher, 1992, p. 220.

se prétend bien informé, au total, *Kroll International* aurait touché 50 millions de dollars. Pour récompenser ses recherches ou son silence? Personne ne peut le dire. On croit savoir, en revanche, que ces rapports ultra-confidentiels auraient été détruits — avec d'autres archives importantes —, au cours de l'incendie du Soviet Suprême, le 4 octobre 1993, lorsque les chars militaires reçurent l'ordre de brûler les étages supérieurs du siège du Parlement russe.

Quoi qu'il en soit, pour en revenir à l'or soviétique, les experts occidentaux s'accordent à qualifier sa disparition de "vol du siècle." Or, peu avant le "putsch avorté" d'août 1991, près de 26 milliards de dollars ont été discrètement placés à l'étranger sur les comptes secrets du PCUS. Les estimations les plus faibles ont démontré l'existence effective de quelque 7 000 comptes bancaires disséminés dans le monde, principalement dans les paradis fiscaux : Suisse, Panama, Luxembourg, îles Caïman, Irlande et Liechtenstein. Le seul pic de l'iceberg serait évalué à environ 176 milliards de dollars.

Faut-il alors s'étonner de l'épidémie de suicides fort étranges qui sévit à la même époque surtout parmi les hauts fonctionnaires responsables — à un moment quelconque de leur carrière — des finances du PCUS et des relations internationales du Comité central? D'abord, Pougo, l'ancien ministre de l'Intérieur, se donne la mort en même temps que sa femme. Puis, c'est le maréchal Akhroméev que l'on découvre pendu dans son bureau du Kremlin. Curieuse fin en vérité puisque, d'ordinaire, les officiers supérieurs soviétiques se tiraient une balle dans la tête. Enfin, c'est au tour de Nikolaï Kroutchina, chef du département des affaires internationales du PCUS, de se jeter par la fenêtre. A l'instar de son prédécesseur Géorgui Pavlov et de Dimitri Lissovolik, ancien chef adjoint du département international du Comité central, tous deux défenestrés (15).

A-t-on voulu faire taire ces hommes (qui en savaient trop) parce que les partisans de Boris Eltsine venaient de découvrir un laboratoire clandestin dans les locaux du Département aux Affaires extérieures du Parti? Quoi qu'il en soit, "l'endroit regorgeait de trésors : piles de passeports vierges des pays du monde, fichiers des agents du PCUS de toutes nationalités et de toutes races, formulaires, encres, tampons de tous les organismes officiels occidentaux, de tous les partis politiques connus, des services de douanes sans oublier l'indispensable panoplie permettant de changer de peau ou de passer inaperçu (perruques, moustaches, etc) "(15). Preuve manifeste, s'il en fallait, qu'en pratique le PCUS avait déjà fusionné avec le KGB. A cet égard, faire le compte des individus — hommes et femmes — qui, opérant sous une fausse identité, ont infiltré la vie économique et socio-politique du reste du monde, s'avère impossible.

En cette fin d'août 1991, décidément mouvementée, des événements inimaginables se produisent. La victoire

15. Lesnick R. et Blanc H., *Qui abattra Eltsine ?*, Paris, Le Rocher, 1992, p. 220.

des démocrates sur les conservateurs leur a sans doute servi de catalyseur. Déjà amputé des pays Baltes, l'espace soviétique poursuit sa désagrégation : l'Ukraine proclame son indépendance, bientôt suivie de la Biélorussie, de la Moldavie, des Républiques musulmanes. Enfin, Mikhaïl Gorbatchev démissionne du poste de secrétaire général du PCUS (qui vient d'être interdit).

A partir de l'été 91, tout semble dépendre de Boris Eltsine. "Le 8 décembre, avec ses homologues, l'Ukrainien Leonid Kravtchiouk et le Biélorusse Stanislav Chouchkévitch, le président russe légitime constate une réalité évidente : juridiquement l'Union soviétique n'existe plus. Les trois dirigeants signent donc les accords de Bélovejskaya Pouchtcha (près de Minsk) proclamant la naissance d'une Communauté d'Etats slaves. Et dès le 21 décembre, la plupart des leaders des ex-républiques soviétiques paraphent les documents entérinant la naissance d'une Communauté d'Etats Indépendants (structure plutôt floue qui se substituera à l'empire désintégré)"(16).

Quatre jours plus tard, dépassé par l'accélération de l'histoire, Mikhaïl Gorbatchev se voit obligé de démissionner de la présidence de l'URSS et de quitter la scène politique. Affirmer que son prédécesseur au Kremlin a laissé à Boris Eltsine une faillite totale en guise d'héritage, est peu dire. Pour combattre la

16. *Nassélénié i obchtchestvo* (Population et société), N°6, juin 1995.

pénurie dramatique dans laquelle se trouve plongée la Russie, des mesures draconiennes s'imposent de toute urgence. Alors, dirigé par l'économiste Egor Gaïdar, le gouvernement des jeunes réformateurs décide d'appliquer au pays une nouvelle politique économique appelée la "thérapie de choc".

Certains ont reproché à Boris Eltsine d'avoir tardé à agir. S'il s'était décidé à prendre les mesures impopulaires (libération des prix, privatisation, etc.) dans l'euphorie de la victoire, estiment-ils, elles avaient toutes les chances de réussir. Il faut quand même se souvenir qu'à l'époque, pour lancer des réformes, le président russe devait agir dans un cadre parfaitement légal. De plus, il devait mener à bien une double révolution : d'une part, instaurer un régime politique à caractère démocratique, de l'autre, détruire complètement d'anciennes structures sclérosées pour les remplacer par de nouvelles. Et ce, sans précédent ni modèle.

Analyser les qualités ou les défauts du programme économique mis en place le 2 janvier 1992, n'entre pas dans ce propos. Pourtant, force est de constater que la libération brutale des prix dans un pays asphyxié, des décennies durant, par le carcan rigide du *Gosplan* (Planification d'Etat), eut des conséquences catastrophiques sur l'épargne. En effet, du jour au lendemain, les économies de la majorité des Russes se trouvent dévaluées pour cause d'inflation galopante. Par exemple, la somme qui suffisait, fin 1991, à l'achat d'une voiture ne couvrait plus le prix d'un vélo au début 92. De même, l'argent mis de côté pour acquérir un téléviseur ou un réfrigérateur permettait-il tout juste de payer un kilo de saucisson. Parallèlement, le niveau de vie se dégrade vertigineusement. La baisse démographique enregistrée en URSS dès 1990 — pour la première fois depuis la fin de la Seconde guerre mondiale — s'intensifie. En 1994, la natalité ayant reculé devant la mortalité, la population de la Russie diminuera de 1,8 million d'habitants. Grâce aux flux migratoires qui font retourner au pays environ 1,7 million de Russes, cette dépopulation sera moins flagrante.(16) Reste, toutefois, que des milliers de gens, en majorité des retraités, en sont réduits à retourner les poubelles pour se nourrir. Bientôt, quantité de familles n'ont plus les moyens d'enterrer leurs défunts. Certains se servent alors de vieilles armoires, d'autres louent un cercueil uniquement pour transporter le corps jusqu'au cimetière, d'autres enfin "oublient" simplement le cadavre à la morgue.

Évidemment, la fortune des gens "bien renseignés" (anciens et nouveaux nomenklaturistes, membres des services secrets et du milieu criminel) avait été reconvertie en valeurs sûres ou en devises bien avant la dévaluation du rouble. Une fracture sociale irréductible apparaît soudain au grand jour : près de 80% de la population ont été rejetés sans ménagement en dessous du seuil de pauvreté tandis que l'essentiel des richesses du pays se trouve détenu par 5 à 7% (2 à 3% pour le général Lebed) des Russes. Entre ces deux nouvelles catégories sociales, s'installe un parasite occulte qui se nourrit de ce capitalisme sauvage. Le racket devient en effet une industrie très florissante.

Un autre phénomène retient l'attention. Certes embryonnaire, une forme de pensée démocratique existait en URSS avant son effondrement. Elle n'était cependant générée et diffusée que par un nombre restreint d'intellectuels comme l'académicien Andreï Sakharov et son épouse Elena Bonner, l'écrivain Alexandre Soljenytsine, l'historien Youri Afanassiev, le cinéaste Andreï Tarkovski et une pléiade de dissidents dont Vladimir Boukovski était le porte-drapeau. Une couche plus vaste de l'intelligentsia, éduquée au fil des décennies par les écrits du *samizdat* et du *tamizdat* (17), partageait leurs idées. Pourtant, à la fin des années 80, à la faveur de la démocratisation de la presse — en apparence instaurée d'en haut mais, en réalité, arrachée aux idéologues du Kremlin par de courageux journalistes —, l'ensemble de la population s'enthousiasme jusqu'au délire, envahissant les rues et les bureaux de vote, le mot *democratia* aux lèvres. Dès lors, ce concept apparaît comme dangereux aux yeux des architectes de la société future qui n'ont pas l'intention de relâcher leur emprise sur les masses. Canalisant habilement ces aspirations libérales, des stratèges occultes font en sorte que, soutenus par le peuple, les "démocrates" s'emparent du pouvoir grâce à l'échec du prétendu putsch d'août 91, sans être réellement prêts à gouverner.

---

17. Œuvres idéologiquement incompatibles avec le régime soviétique, réalisées en URSS ou en Occident et diffusées clandestinement, en dépit de l'interdiction officielle. NDA.

Comprendre qui sont ces nouveaux décideurs du destin de la Russie, est primordial. Beaucoup de communistes, Boris Eltsine y compris, ont commencé à rendre (ou détruire en public) leurs cartes du Parti dès 1989-90. Écœurés des révélations de la presse sur l'effarante corruption des hauts dignitaires du système communiste, certains de ces hommes étaient sincères. Mais la plupart d'entre eux, subtils politiques ou judicieusement conseillés par les organes compétents, ne visaient qu'à poursuivre leur carrière sous le nouveau régime. Ainsi "décolorés", ayant retourné leur veste sans état d'âme, les anciens boyards du PCUS et du KGB rejoignaient massivement les démocrates. Voici quelques cas significatifs : à la fin des années 80, les presses soviétique et occidentale n'ont jamais qualifié Grigori Yavlinski autrement que de "jeune économiste démocrate". Or, né en 1952, devenu communiste en 1985, il le restera jusqu'à la dissolution du PCUS en 1991. Même chose pour Anatoli Sobtchak. Connu comme le "maire démocrate" de Leningrad (puis de Saint-Petersbourg) de 1991 à 1996, il adhérait au Parti en 1988, ce qui lui permit, un an plus tard, de devenir député. Quant à Egor Gaïdar, "chef de file du premier gouvernement démocratique", il fut chef du service économique de "Kommunist", l'organe de presse du Comité central du PCUS. Déjà recyclé en leader du mouvement "Choix démocratique", Gaïdar a beau jeu de déclarer à l'automne 96 :

"Nous n'aimons pas le capitalisme qui se développe en Russie : pilleur, corrompu, socialement injuste, couvert des “taches de naissance du socialisme”(18). L’économiste aurait-il oublié qu’il fut l’initiateur de cette “thérapie de choc” qui engagea le pays dans la voie de ce capitalisme sauvage?

Force est de constater que, peu après le début des réformes dîtes de marché, malgré l’estime des Russes pour Boris Eltsine qui cautionnait la politique de Gaïdar, le concept de démocratie se trouve totalement discrédité par la presse d’opposition. Deux néologismes font irruption dans le langage quotidien : la “dermocratia” (merdocratie) et la “prikhvatizatsia” (privatisation-pillage). En effet, responsable de la privatisation et donc chargé de répartir *équitablement* les biens de la Russie parmi la population, Anatoli Tchoubaïs — autre “jeune démocrate”— distribue à chaque Russe un *voutcher* de 10.000 roubles (montant calculé par les économistes soviétiques avant la fin de l’URSS et, par conséquent, avant l’hyper-inflation des années 92-93, à une époque où le rouble équivalait pratiquement au dollar). Ayant jugé que les biens de l’Etat se sont dévalués parallèlement à l’épargne des habitants, le gouvernement n’a procédé à aucune réévaluation. Très vite, inflation aidant, ces chèques de privatisation destinés à être investis dans les entreprises, s’échangent contre une bouteille de vodka ou se revendent pour une bouchée de pain. Quantité de bourses, de banques, de sociétés de placement et, en particulier, les directeurs des structures économico-

18. Ibidem.

financières d'Etat, se livrent à une spéculation effrénée. Il leur suffit en effet de rassembler un maximum de ces chèques pour s'approprier ensuite des biens considérables : mines, gisements de matières premières, ports, usines, exploitations forestières, etc.

Ainsi, tel un navire dans le brouillard, la Russie navigue dans un flou législatif, un vide juridique complet, ouvrant aux mafieux des possibilités illimitées à la fois pour blanchir l'argent sale et amasser d'immenses fortunes. Désormais, plus rien ne sépare le monde criminel de celui du pouvoir : ils sont en osmose totale. Toutes fonctions importantes — administratives ou politiques — se pèsent en argent, tout s'achète et se vend.

Le processus s'aggrave encore avec la libération du commerce extérieur lorsque, en échange de juteux pots-de-vin, une myriade de sociétés écrans, de pseudo fondations de bienfaisance et autres firmes mafieuses obtiennent des licences d'exportation. Bien entendu, plus ces "businessmen" sont proches du pouvoir, mieux vont leurs affaires. En conséquence, d'innombrables richesses et ressources naturelles s'écoulent hors de Russie, se transformant en comptes privés bien garnis dans les banques mondiales. Les *nouveaux Russes* progressent à pas de géants. Consciente du fait qu'à partir d'un certain seuil (évalué en millions voire milliards de dollars ou en pouvoir), une fois sa fortune blanchie impunément, tout mafieux peut devenir tôt ou tard un important décideur politique, la pègre se déchaîne. Bien que, sous Gorbatchev, le territoire soviétique ait déjà été partagé en zones d'influence, l'ère Eltsine voit se dérouler une guerre sanglante entre clans rivaux qui, au cours des dernières années, voulaient en “réviser les frontières”.

En effet, dans la Russie des années 90, “il n’existe pas une rue de ville, grande ou petite, pas une station de métro, pas un arrêt de tramway, pas un sommet de montagne, pas un arpent de terre, qui n’ait un maître mafieux. On n’y trouve pas un village, pas un hameau perdu qui ne possède sa bande locale, l’autorité qui fait la loi ; très souvent, il s’agit des représentants d’un clan influent de la région. De la même façon, pas une entreprise, étatique ou privatisée, ne peut se soustraire au contrôle des structures du crime. Si elle semble parfois y échapper, cela signifie que la mafia sait parfaitement qui la dirige. En règle générale, les mafieux ne s’attaquent pas aux agents du KGB ; quand cela se produit (par manque d’information), les choses se passent très mal, quitte à ce qu’une bande rivale, et non des hommes en uniforme, règle leur compte à ces imprudents”(19).

1. Principales caractéristiques des mafias

Malgré des similitudes avec leurs consœurs étrangères, les mafias russes et autres oligarchies présentent néanmoins des caractéristiques spécifiques. Si les Italiens se structurent traditionnellement autour de clans familiaux, les ex-Soviétiques s’organisent

---

19. Lesnik R. et Blanc H., *L’Empire de toutes les mafias*, Presses de la Cité, 1996, p.345.

plutôt par *corporations* ou *secteurs économiques* (mafias politiques, mafias militaires, mafias des juges, des miliciens ou encore mafias du pétrole, du bois, de l'or, de l'ambre, des pierres précieuses, des jeux vidéo, de l'informatique), en fonction de *critères territoriaux* ou *ethniques* (mafias d'Odessa, de Vladivostok, de Kazan, mafias ouzbèque, tchétchéne, géorgienne) ou autour d'une *étroite spécialisation* (trafics de drogue, d'enfants, d'organes, etc.) Hiérarchiquement structurés en pyramides, tous ces clans criminels se protègent grâce à un réseau de complices corrompus au plus haut niveau.

Qu'ils soient regroupés selon des critères territoriaux ou ethniques, en règle générale, les clans se spécialisent. Ainsi, "les mafias de Kazan préfèrent les finances et le crédit tandis que les Tchétchénes font la pluie et le beau temps dans l'exportation du pétrole et des métaux sans négliger pour autant les opérations bancaires ou le commerce de voitures volées. Il paraît que ces enfants naturels de Doudaev (20) et de la Cosa Nostra contrôlent également tous les jeux de hasard à Moscou et la production des diamants de Yakoutie.

Les groupes azéris, eux, font fortune dans la drogue mais ne dédaignent pas les jeux et autres trafics. Leurs homologues arméniens se distinguent dans le vol de voitures et la distribution à bon escient

20. Djokhar Doudaev, président mafieux de la Tchétchénie de 1991 à sa mort, en 1996. NDA.

des pots-de-vin. Les clans géorgiens sont plutôt spécialisés dans les rapts, les cambriolages et le grand banditisme. Les Ingouches, eux, sont experts en trafics d'armes et de pierres précieuses. Seul le groupe de Nazran (de la même ethnie) s'illustre dans le crime économique, gardant sous contrôle nombre de banques privées moscovites "(21).

Évidemment, de telles classifications n'ont rien de définitif car ces redoutables professionnels peuvent, à tout moment, changer de "métier" ou de "spécialité", brouillant ainsi toutes les pistes.

Malgré cette diversité ethnique évidente, les occidentaux s'obstinent à qualifier de "mafia russe" toute caste criminelle née dans l'espace ex-soviétique. Seule la mafia tchétchéne, après des contrats en série à Londres et surtout, l'intervention russe entreprise fin 1994, a gagné son identité propre. On observe par ailleurs qu'une bonne part des mafieux sévissant à l'extérieur de la Russie porte des noms juifs ou asiatiques. Par conséquent, classifier ces clans en trois grandes catégories : mafias *slaves, caucasiennes* et *asiatiques* semble plus conforme à la réalité. D'autant que, selon les cas, elles sont tout autant capables de collaborer que d'engager une guerre à outrance jusqu'à l'anéantissement de l'adversaire.

"Parmi les mafias slaves, les clans d'Izmaïlovo, de Solntsévo et les fameux *Lyoubéra* régnant sur Moscou et sa région, narguent les groupes de Kazan,

---

21. Lesnik R. et Blanc H., *L'Empire de toutes les mafias*, Presses de la Cité, 1996, p.345.

de Vladivostok ou d'Ekaterinbourg. Chez les Caucasiens, Tchétchénes, Géorgiens, Arméniens et Azéris rivalisent pour la palme d'or. Enfin, en Asie, la mafia ouzbèque tient la vedette, faisant de l'ombre aux innombrables clans tadjiks, kazakhs, turkmènes, etc " (22).

Autre aspect spécifique : les armées des mafias formées pour l'essentiel de gardes du corps et d'hommes de main. Car, pour se protéger et soigner son image, tout parrain s'entoure de gardes du corps (dix, soixante et plus). Bien évidemment, ces effectifs sont difficiles à dénombrer. Pourtant, début 95, le général Vadim Kirpitchenko, numéro deux de l'ex-KGB, reconnaît que l'armée des mafias compterait 200 000 combattants répartis en 150 "régiments". D'autres sources l'estiment à 1,5 million d'hommes...

Elle emploie principalement d'anciens miliciens, des sportifs et surtout des vétérans d'Afghanistan. Diverses sources estiment que 80% de ces *Afghantsy* travailleraient pour les clans mafieux. Par ailleurs, en marge des structures officielles, se multiplient les officines privées de sécurité, de gardiennage, de protection rapprochée, de détectives, employant essentiellement des anciens de l'Intérieur, du KGB, de l'armée. Forte d'un bon million d'hommes, cette police parallèle se met souvent, elle aussi, au service des mafias.

---

22. Lesnik R. et Blanc H., *L'Empire de toutes les mafias*, Presses de la Cité, 1996, p.345.

Quoi qu'il en soit, la réforme — depuis longtemps en cours d'élaboration — visant à créer une armée de métier prévoit également une réduction des effectifs militaires. Alors, le jour viendra peut-être où l'armée des mafias sera numériquement supérieure à celle de l'Etat russe...

Quand on analyse la situation réelle de l'ex-URSS du milieu des années 90, l'incroyable conclusion s'impose d'elle-même : des forces omnipotentes et sans frontières contrôlent de manière occulte tout en le cimentant, l'espace post-soviétique. Et ces mafias, héritage du soviétisme, constituent l'instrument de prédilection des services secrets.

Chapitre V

GUERRES ET TRAFICS

Fin septembre 1996, après avoir gelé le conflit tchétchène et signé un cessez-le-feu, le général Alexandre Lebed déclarait sans ambages :

“Nous devons faire toute la lumière sur les racines économiques de nos guerres qui sont d'origine mafieuse ”(23).

En effet, les revendications nationalistes ou séparatistes qui dégénérèrent en conflits sanglants un peu partout en URSS puis, dans l'espace ex-soviétique, masquaient souvent des objectifs beaucoup plus prosaïques. Les clans puissants qui provoquaient ces guerres en manipulant les populations, ne visaient qu'à s'approprier le maximum de richesses, de territoires ou de pouvoir sous couvert de lutte indépendantiste. Ainsi, ces castes ont-elles pu se livrer en toute impunité à la contrebande d'or, de pierres précieuses, d'ambre, de métaux rares, de bois, de caviar,

---

23 . *Izvestia*, 26 septembre 1996.

de fourrures. De plus, le trafic de pétrole sur une grande échelle fut manifestement le nerf de la guerre entre Géorgiens et Abkhazes, Russes et Tchétchènes.

Une guerre longue peut catalyser voire générer trafics d'organes prélevés sur les morts ou les blessés — véritable industrie criminelle —, trafics de fournitures militaires (uniformes, approvisionnement, alcool, tabac), prostitution et commerces plus lucratifs encore tels les armes et la drogue.

En quelques mots, Alexandre Lebed a cerné le plus grave problème du moment. Il est vrai que cet ancien commandant en chef de la 14e armée russe stationnée en Transnistrie (petite république auto-proclamée qu'une guerre civile opposa à la Moldavie deux ans durant) connaît bien la question. Ainsi, jusqu'à sa destitution à l'été 1995, Lebed n'a cessé de dénoncer les autorités corrompues de la Transnistrie, les accusant, preuves à l'appui, de se livrer aux trafics d'armes, de munitions et d'équipement.

En effet, les troupes russes rapatriées de l'ancien bloc de l'Est traversaient obligatoirement la Moldavie et la Transnistrie avec tout leur matériel. A cet endroit précis, on perdait la trace d'une bonne partie des blindés, des camions militaires sans parler des chars, des Kalachnikov, des cartouches et même des missiles Grad, qui disparaissaient comme engloutis par des sables mouvants. Les informations de Lebed sur ces activités mafieuses de l'armée provenaient du GRU — le renseignement militaire — dont une cellule est implantée au sein de chaque unité. Pourtant, chose curieuse, à ce jour aucun des dirigeants de la Transnistrie n'a répondu de ses actes devant la justice.

Par manque de preuves (pourtant évidentes) ou de véritable volonté politique? Ne serait-ce pas plutôt à cause de l'osmose totale du crime organisé avec le pouvoir?

Quoi qu'il en soit, qu'il s'agisse de faire fortune ou simplement de survivre, ce type d'activités est manifestement devenu le premier sport national de l'espace ex-soviétique.

1. Le trafic d'armement.

Ainsi, au cours de l'été 95, les journalistes russes constatent-ils que la population détient beaucoup plus d'armes que de roubles. Ce trafic tous azimuts prend une ampleur incroyable : on va même découvrir des cartouches et des grenades sous les pansements des femmes et des enfants fuyant la Tchétchénie! (24) Et aucune région n'est épargnée par ce nouveau fléau. On peut se procurer un lance-grenades ou une mitrailleuse dernier modèle à Rostov-sur-le-Don (proche du Caucase) comme à Tioumén (en Sibérie occidentale), du cercle polaire arctique à la frontière russo-chinoise. Sans parler de Moscou où les armes se vendent et s'achètent partout : sous un porche crasseux comme dans les luxueux magasins du centre ville, situés dans les rues Tverskaya, Néglinnaya, Pétrovka ou Prospeckt Markhlevskovo... Le pilote de l'Aéroflot qui ne rapporte pas quelque arme occidentale dans ses bagages, ne sera jamais estimé de ses collègues ou ses supérieurs. Le marchand de

24. *Rossiiskié Vesti,* 19 juillet 1995.

quatre-saisons qui ne dissimule pas de Kalachnikov ou de grenades sous ses légumes, n'a rien d'un commerçant respectable aux yeux de ses concitoyens. C'est précisément cette banalisation des trafics de mort qui inquiète les observateurs de la Russie en cette fin de millénaire.

Que soldats et officiers volent des armes, plus pour survivre que par appât du gain, n'est un secret pour personne. En 1992, le général Youri Koudinov de l'Etat-major des Forces armées russes, admettait que le tiers des armes à feu détenues par des civils (honnêtes citoyens ou trafiquants) provenait des réserves militaires (25). En 1995, selon des sources officielles, le pourcentage atteignait déjà une arme sur deux (26).

Bien entendu, à l'instar des statistiques soviétiques d'hier, les chiffres russes inspirent plutôt le scepticisme. Néanmoins, il est évident qu'en Russie le trafic d'armes a lieu sur une grande échelle, qu'il ne date pas d'hier et n'est pas prêt de cesser. Dans un pays qui, des décennies durant, n'a fait que produire et stocker de l'armement, cette activité extrêmement lucrative ne peut que se développer encore dans la mesure où la surveillance en reste quasi-symbolique (27).

---

25. *Krasnaya Zvezda,* 13 août 1992.
26. *Ségodnya,* 5 avril 1995.
27. Pour assurer une réelle protection des dépôts militaires, l'armée devrait effectuer 300000 hommes à leur surveillance. Or, le plus souvent, ce sont des retraitées qui montent la garde pour arrondir leur fin de mois (Mégapolis-Express, novembre 1992).

Une étude attentive du fléau donne la nette impression qu'en quelques années, le trafic d'armes est devenu la principale occupation du haut commandement russe. Dans ces conditions, l'obstination des militaires à entretenir (voire à déclencher) les conflits locaux n'a rien de surprenant.

A différentes reprises, Mikhaïl Gorbatchev a dénoncé ces mafias en uniforme qui, en manipulant les populations, attisaient les guerres interethniques en URSS. Mais ses paroles n'ont jamais été suivies d'effet. En 1990, par exemple il déclarait :

“Le Nagornyï-Karabakh a été au centre du conflit (entre Azerbaïdjan et l'Arménie)... On pouvait compter sur une amélioration de la situation... Mais cette perspective n'arrangeait pas certaines forces de ces deux républiques... Je veux parler des représentants de l'économie parallèle, cette véritable mafia qui, par tous les moyens, attise le feu de la discorde interethnique et exerce des pressions sur les organes d'Etat masquées derrière les slogans de la renaissance nationale ” (28).

Il est vrai qu'à partir de 1991, au Nagornyï-Karabakh, le moindre article (de la cartouche au camion militaire) était déjà tarifé; en outre, vendre une mitrailleuse ou un char au premier demandeur venu, devenait une transaction banale. Tous les moyens étaient bons pour s'enrichir. Ainsi allait-on jusqu'à

---

28. Extrait du rapport lu le 5 février 1990 devant le plénum du Comité central du PCUS.

convoyer des paysans en blindés afin de les soustraire aux balles, un service facturé au prix de la vie humaine.

Contrairement à l'intervention en Tchétchénie déclenchée à la fin 1994, les militaires russes affectés au Karabakh devaient faire office de Casques bleus pacificateurs de la région. Or, cette mission était souvent remplie de curieuse manière : bien des généraux et des colonels ont gagné des millions en vendant, entre autres choses, des villages entiers.

“Ces opérations étaient montées de main de maître : d'accord avec le camp ennemi (le plus offrant) le commandant envoyait son unité dans la localité désignée par le “commanditaire” pour exiger que tous les hommes valides rendent leurs armes ou quittent le village. Les habitants ne connaissaient que trop quel sort les attendait : désarmés, une fois les Russes partis, ils seraient massacrés jusqu'au dernier. Abandonnant maisons, cheptel, biens, les paysans fuyaient en masse pour sauver leur vie et celle de leurs familles. En prenant possession du village déserté, le client considérait la “livraison” comme faite. Souvent, le même village était revendu plusieurs fois ” (29).

Si, en 1992, le journaliste Dimitri Kholodov (assassiné par la mafia militaire deux ans plus tard) recensait, chaque mois, des dizaines de coups de mains contre les dépôts des armées russes au Caucase, en 1995, son confrère Alexandre Boudberg allait plus loin (30) :

---

29. Lesnik R. et Blanc H., *L'Empire de toutes les mafias*, Paris, Presses de La Cité, 1996, p. 345.
30. *Moskovskii Komsomolets,* 11 août 1995.

“La mise en scène d’assauts réels destinés à masquer le trafic d’armes, n’est un secret pour personne. Les bandits “attaquent” les dépôts (ou les colonnes de chars, de blindés) vendus d’avance, neutralisent les sentinelles et enlèvent la marchandise.”

Évidemment, les “observateurs” du KGB et les officiers — en fait, les responsables de l’unité qui serait pillée — faisaient le maximum pour la réussite totale de “l’opération”. Pas gratuitement puisque chacun recevait sa part de butin en fonction de sa participation et de son grade. Pour prévenir les crises de conscience, les supérieurs arrosaient ensuite leur entourage. Voilà donc l’origine des pyramides criminelles du trafic d’armes qui, dans la plupart des cas, partaient des hautes sphères de la Défense et du complexe militaro-industriel. Chose curieuse : les unités dévalisées étaient immédiatement réapprovisionnées en matériel de combat. Jusqu’à l’attaque suivante. La thèse officielle signale simplement que lors de leur rapatriement, ces armées abandonnaient leur trésor de guerre aux maîtres locaux. Version qui semble logique car, après la désintégration de l’URSS et de l’armée soviétique, chaque république allait réclamer sa part d’héritage.

“D’ailleurs, il est clair que dans la Russie de l’époque, on jette déjà les bases de ce qu’on appellerait, par la suite, le “Parti de la guerre”. En 1992, le jour même où Boris Eltsine reçoit au Kremlin le leader géorgien Edouard Chévardnadzé venu solliciter l’aide russe, Youri Skokov, alors secrétaire du Conseil de sécurité, s’entretient en tête-à-tête avec Vladislav Ardzinba, président de l’Abkhazie sécessionniste.

Peu après cette discrète entrevue, les Abkhazes entrent en possession d'artillerie lourde et d'équipements dernier cri ; onze trains de marchandises leur livrent aussi des munitions... Le conflit abkhazo-géorgien se trouvait alors à son apogée.

Le même scénario se répétera un peu partout, modifié en fonction des particularismes locaux. Par exemple, en 1994, lors d'un assaut des Azéris contre les Arméniens, ces derniers se voient gratifiés de nouveaux chars modernes, dont des "T-80" que seuls des tankistes spécialement formés savent manœuvrer " (31).

Bien entendu, les parrains militaires n'ont pas, pour autant, négligé leurs clients azéris, les approvisionnant sur place. Ainsi, le 23 février 1992 (jour de la fête nationale de l'Armée), les dépôts voisins de la ville d'Agdam furent purement et simplement abandonnés, ce qui laissait le champ libre aux autochtones. Ils renfermaient 728 wagons remplis d'obus d'artillerie, 245 de missiles Grad et 131 wagons de cartouches. Ce jour-là, 1 104 wagons de munitions changèrent de main (32). De quoi guerroyer des années !

On imagine mieux l'effarant butin des généraux véreux quand on sait qu'une simple cartouche se négocie entre 3000 et 10000 roubles et un missile Grad, 500 dollars.

En 1995, Vladimir Gladychev, commandant la 12e base militaire russe en Adjarie (une province géorgienne) dénonçait son supérieur direct, le général

31. Lesnik R. et Blanc H., *L'Empire de toutes les mafias*, Paris, Presses de La Cité, 1996, p. 345.
32. *Argoumenty i Fakty*, n° 32, août 1995.

Fédor Réout, l'accusant de trafic d'armes et de commerces illicites. Il faut bien reconnaître que l'ingéniosité de Réout n'a pas de limites : en plus des attaques programmées contre les dépôts militaires, l'idée lui vient de les faire exploser. En 1992, pendant son affectation en Arménie, un dépôt part donc en fumée près d'Erevan. Les pertes se chiffrent en milliards : un joli paquet probablement partagé avec le haut commandement de Moscou. Une chose est sûre : après "l'explosion", les Arméniens sont pourvus en munitions pour des années. Les mérites de Réout semblent appréciés à leur juste valeur puisqu'une promotion lui donne le commandement des unités russes basées en Géorgie, où il rentabilise avec brio sa criminelle industrie. C'est ainsi qu'une partie du matériel de guerre russe deviendra propriété des Tchétchènes, qui le payaient plus cher que les Géorgiens. Réaction officielle à ces accusations : d'abord limogé pour avoir osé critiquer son supérieur, le général Gladychev fut discrédité par la suite.

Attardons-nous sur la Tchétchénie, dont on a tant parlé depuis la fin 1994. Là encore il ne s'agit pas d'une guerre d'indépendance classique, mais d'un conflit économique aux enjeux gigantesques. En fait, ces règlements de comptes politico-économiques entre différentes mafias russes et tchétchènes résultent d'intérêts devenus contraires.

L'examen de la période écoulée entre l'automne 1991 (quand le président Djokhar Doudaev réaffirme l'indépendance de la petite République) et l'intervention russe de décembre 1994, donne la nette impression d'une préparation méthodique de cette guerre. Les puissantes mafias locales, Doudaev en tête, ont mis ces quelques années à profit pour former des bandes redoutables, les entraîner et les armer à outrance. Il ne faut pas oublier qu'en évacuant la Tchétchénie après la chute de l'URSS, l'armée russe lui a abandonné ou vendu l'ensemble de son armement, y compris nucléaire. Par la suite, malgré le blocus économique de la Tchétchénie, Moscou n'a, en réalité, jamais interrompu une fructueuse collaboration mutuelle. Étant donné que Groznyï possède l'unique raffinerie susceptible d'approvisionner en mazout et en essence le sud de la Russie, des fleuves de pétrole ont convergé vers la Tchétchénie à partir de Tioumén (Sibérie), Stavropolyé et du Daghestan. Les milliards de dollars, profits des exportations clandestines d'or noir, semblent avoir été équitablement partagés entre parrains de Moscou et de Groznyï. Même chose pour les matières premières et les métaux rares qui arrivaient par trains entiers.

Plus les profits deviennent gigantesques, plus les clans se font rapaces. Omnipotentes, ces mafias du pétrole, des armes, des stupéfiants, des organes et de la finance étendent leurs ramifications jusqu'au sein du gouvernement russe et même de l'administration présidentielle. Intérêts opposés, documents compromettants, hauts personnages impliqués ? Vient le moment où seul un conflit sanglant pouvait détruire les indices de ces crimes. Alors l'armée russe entre en Tchétchénie dont le peuple croit sincèrement lutter pour sa liberté.

Malgré l'impossibilité de chiffrer avec précision le coût final de cette guerre, celui-ci semble vertigineux. Pourtant, à Moscou comme à Groznyï, certains en profitent encore pour faire fortune impunément. Et ceux-là ont tout intérêt à ce que la guerre dure le plus longtemps possible. D'autant que la destruction des villes tchétchènes ouvre de nouvelles perspectives d'enrichissement lié à la reconstruction. A l'automne 96, Zelimkhan Yandarbiev, successeur de Doudaev, exige d'une Russie vaincue le respect de trois conditions indispensables : reconnaître l'indépendance totale de la Tchétchénie, lui verser 100 trillions de roubles en guise de dédommagement et enfin, garantir sa non-ingérence dans les affaires intérieures tchétchènes (33).

Un soldat russe résume parfaitement l'état d'esprit de la troupe :

"Nous savons parfaitement que cette guerre est purement financière. Là-bas, au plus haut niveau, ils ont tout pillé pour mettre ensuite ces dépenses sur le compte des opérations militaires... Beaucoup ont compris à quel point se battre et voler devient lucratif. Avant les élections, Lebed affirmait détenir les noms de ceux qui, au Kremlin, ont fait fortune grâce à cette guerre, et les sommes gagnées. Mais il semble bien que, par la suite, il ait échangé ces preuves contre sa récente fonction " (34).

Les soldats russes ont peine à croire que les guerres interethniques cesseront un jour. Ils en sont encore à se demander où éclatera la prochaine, en

---

33. *Argoumenty i Fakty*, n° 40, octobre 1996.
34. *Moskovskié Novosti*, n° 39, 29 septembre - 6 octobre 1996.

admettant que les armes se soient définitivement tues en Tchétchénie. Mais, ruinée, amère, humiliée, l'armée russe a-t-elle dit son dernier mot ?

2. Le trafic de stupéfiants.

Dans la Russie des années quatre-vingt-dix, plus personne ne nie l'existence de drogués et des gigantesques filières de stupéfiants, mais dénombrer les toxicomanes demeure impossible.

En 1995, se basant sur les statistiques officielles, le professeur Edouard Babaïan, lauréat du prix Edward Browning pour sa contribution au contrôle des narcotiques dans le monde, expert du ministère russe de la Santé et de l'ONU, recensait environ 37000 narcomaniaques et 50000 consommateurs occasionnels. Ces précisions étonnent d'autant plus que, durant la même période, le MVD russe avançait officiellement un tout autre chiffre : 1,5 million de drogués, soit 1 % de la population. D'autres spécialistes pronostiquent qu'avant l'an 2000 les États de l'ex-URSS compteront plusieurs dizaines de millions "d'accros". Comparant ces données à celles de l'Association internationale de lutte contre le narcotrafic, la presse révèle que 6 millions de Russes seraient solidement accrochés à la drogue et que 20 millions y auraient déjà goûté (35). Combien de toxicomanes y a-t-il en réalité en Russie et dans les États de la CEI ? Pour le moment, aucune instance n'est en mesure de répondre. Les experts

35. *Nézavissimaya Gazeta*, 25 mai 1995.

affirment néanmoins que la consommation de drogue a été multipliée au moins par 3 au début de la *perestroïka*, quand Gorbatchev avait promulgué la loi sèche prohibant l'alcool.

Autre conséquence : à l'automne 1996, l'Ukraine s'inquiétait sérieusement de l'augmentation fulgurante des séropositifs. Le virus du SIDA se propagerait essentiellement chez les drogués par l'emploi de seringues non stériles. Comptabiliser ces malades est également difficile, mais les séropositifs dépasseraient déjà le chiffre de 10000. Des statistiques fiables étant rares dans l'espace ex-soviétique, il convient d'émettre les réserves d'usage : à l'heure actuelle, personne n'est réellement capable de recenser les malades du SIDA.

A l'origine de cette industrie de la mort blanche se trouvent certaines matières premières abondant en Russie. Et, en premier lieu, le chanvre indien, qui occupe approximativement 1,5 million d'hectares rien qu'aux embouchures des fleuves extrême-orientaux. Auxquels il faut ajouter les plantations de chanvre sauvage de la vallée de Tchou (500000 hectares pour les uns, 1 million selon d'autres sources), dont un tiers situé en Kirghizie et le reste au Kazakhstan. Pour les narcobarons locaux et russes, Tchou produit annuellement près de 5 millions de kilogrammes de drogues (essentiellement hachisch et marijuana) (36). Quand on sait qu'à Moscou 6 kg de drogue s'échangent contre une Mercedes flambant

36. *Moskovskii Komsomolets*, 4 octobre 1996.

neuf, on comprend mieux les enjeux de tels trafics. Qui plus est, les récoltes clandestines ne manquent pas de main d'œuvre bon marché car les entreprises ferment ou ne versent plus les salaires. En outre, nul ne sait comment détruire ces plantations sans nuire gravement à l'équilibre écologique. La surveillance étant inexistante (quelques miliciens gardent tout le secteur), protégés par des hommes de main bien armés, les trafiquants continuent donc à se servir sans risques.

Enfin, il faut ajouter qu'au Caucase et en Asie, "la consommation de drogues naturelles fait partie des traditions ancestrales. En conséquence, malgré les interdictions officielles, les paysans s'obstinent à cultiver le chanvre et différentes variétés de pavots partout où c'est possible, et jusque dans les clairières des forêts.

Le chef du département des Stups de Spassk-Dalniï (Extrême-Orient) lui-même en reste interloqué : natif de la région, il n'avait jamais soupçonné que dans son enfance, comme tous les autres, il croquait des graines aux propriétés narcotiques. Or, depuis toujours, les autochtones considèrent le chanvre comme une plante médicinale." (37) Voilà pourquoi la culture clandestine du chanvre et du pavot, dont on extrait l'opium — substance basique pour bon nombre des drogues de fabrication russe —, reste si intense dans les immensités du pays. (38) De surcroît, la chute du rideau de fer et l'ouverture des frontières russes

---

37. *Kamtchatskaya Pravda*, 19 août 1994.
38. *Militsia*, n° 4, avril 1994.

ont catalysé la naissance d'importants trafics internationaux. En effet, quand on sait qu'à Moscou le gramme de cocaïne se vend cinq à dix fois plus cher qu'à New York, on saisit mieux l'irrésistible attirance du narcobusiness international pour le marché russe. A titre d'exemple, ces révélations du colonel Arkadi Kouznétsov, chef du département des Stups au MVD : entre janvier et août 1994, la police aurait intercepté, dans le pays, 13,3 tonnes de drogues diverses et démantelé 3300 clans de trafiquants. De plus, 30 à 35 % des narcotiques entreraient en Russie à partir de l'étranger; à Moscou, Saint-Petersbourg et autres grandes métropoles, le pourcentage des drogues importées varierait de 80 à 90 %.

Ainsi, au cours des années quatre-vingt-dix, les forces de l'ordre alliées aux services secrets ont recensé plusieurs itinéraires empruntés par le narcobusiness. L'un d'eux, partant des pays Baltes, notamment de Lituanie et de l'enclave de Kaliningrad, s'avère particulièrement actif. En 1994, on y interceptait 700 kg de drogue en provenance d'Afghanistan. En 1992, en Lettonie, on arrêtait le directeur général et plusieurs responsables de *Latbiopharm* car, dans les dépôts de l'entreprise, on avait saisi un stock de drogues synthétiques valant au bas mot 10 millions de marks. Rien que de juin à août 1992, cette société avait produit, en coopération avec des laboratoires tchèques, pour 150 millions d'amphétamines.

Autres voies de transit : l'Ukraine et la Biélorussie où les quantités de drogues saisies se comptent en tonnes. "Une grande partie de ces stupéfiants serait de fabrication polonaise : la police a déjà démantelé 387 usines clandestines en Pologne. On y a également détruit 250 hectares de chanvre et de pavot et réalisé des prises importantes : 18,5 kg d'amphétamines, 532,5 kg de cocaïne, 64 kg d'héroïne, 164 kg de marijuana et 17 de hachisch. En revanche, malgré le trafic intense qui sévit dans le Caucase, on n'a réussi à confisquer que 3 kg de drogue à la frontière entre Géorgie et Azerbaïdjan !"(39).

Cela semble d'autant plus étonnant que, durant l'ère Doudaev, la Tchétchénie était seule à produire annuellement près de 30000 tonnes d'héroïne dans son usine de Chali. En fait, il semble que l'essentiel de cette drogue soit acheminé vers la Turquie, le Moyen-Orient et l'Europe via la Géorgie.

Quoi qu'il en soit, les principaux fournisseurs opéreraient à partir de l'Asie centrale, organisant des filières pour les drogues arrivant du Pakistan et d'Afghanistan, le plus souvent à destination de la Hollande, de la Turquie et des pays scandinaves. Les experts russes assurent que ces seules "exportations", — estimées au bas mot à 80 tonnes par an —, représentent 2,3 milliards de dollars.

Mais le 26 octobre 1995, à Moscou, voici que le service fédéral des gardes-frontières soutenu par le KGB décide d'alerter l'opinion. Au cours d'une conférence de presse conjointe, les journalistes ont appris que dans les républiques d'Azerbaïdjan, du Tadjikistan, d'Ouzbékistan et du Turkménistan, les

39. Lesnik R. et Blanc H., *L'Empire de toutes les mafias,* Paris, Presses de La Cité, 1996, p. 345.

trafiquants d'héroïne sont d'anciens officiers (issus du *spetsnaz* soviétique), des gardes-frontières russes ainsi que des pilotes. A ces militaires s'ajoutent d'innombrables chimistes et pharmaciens, qui ont trouvé refuge dans les montagnes du Pamir pendant les conflits armés. Pour survivre, ces scientifiques y ont créé des laboratoires clandestins semblables à ceux de Samarkand (en Ouzbékistan), par exemple. La conclusion de la conférence résonne comme un cri d'alarme : il est grand temps de créer un organisme centralisé pour combattre ce fléau car les investigations cloisonnées de l'espionnage militaire, de la police des frontières et du contre-espionnage manquent totalement d'efficacité.

Un an plus tard, les Russes lançaient un nouvel avertissement : en Kirghizie, de nombreuses usines clandestines produisent de l'héroïne nuit et jour. Autre sujet d'inquiétude : la ville tadjique d'Och, l'une des plus importantes plaques tournantes expédiant la drogue vers l'Ouzbékistan, le Kazakhstan, la Russie et les pays Baltes. Les services secrets affirment que, rien qu'au Tadjikistan, des stocks de 100 à 150 tonnes d'opium afghan transitent périodiquement par des dépôts spéciaux avant d'être convoyés via la Kirghizie (40).

A l'évidence, dans les années quatre-vingt-dix, les conflits opposant à un moment ou un autre différentes régions de l'ex-URSS, ont grandement facilité ces trafics. Par exemple, pendant la guerre

40. *Argoumenty i Fakty*, n° 38, septembre 1996.

entre Abkhazes et Géorgiens, l'approvisionnement en drogues des armées géorgiennes s'effectuait au grand jour. Par ailleurs, l'ancien Premier ministre d'Azerbaïdjan, Souret Gousseïnov, était considéré chez lui comme le roi du narcotrafic. Il contrôlait, entre autres, les aéroports tchétchènes de Guianja, de Samachka et celui de Bombora (en Abkhazie), points stratégiques des trafics de stupéfiants.

Il faut savoir que ces filières complexes peuvent parfois provoquer de terribles catastrophes. Tel le naufrage, dans la nuit du 28 septembre 1994, du ferry l'*Estonia* — de la compagnie estonienne *East Line* — qui, en sombrant dans la Baltique non loin des côtes de Finlande, fit quelque 900 victimes. Le 22 octobre suivant, à Tallinn, un certain Igor Krichtapovitch, ancien du KGB et patron de la société ESS (de surveillance des marchandises en Estonie), était assassiné. Or, au cours de la nuit tragique, son équipe et lui-même auraient intercepté un message radio indiquant clairement que l'*Estonia* transportait de la drogue et 40 kg de cobalt destinés à la Suède. Les trafiquants venaient d'apprendre que la police avait tendu une souricière dans le port de Stockholm pour saisir la cargaison et arrêter les convoyeurs. Ils auraient alors ordonné par radio à leur complice, un officier du bord, de jeter à la mer les deux véhicules transportant la contrebande. Mais, comme la tempête faisait rage, ce largage improvisé aurait été cause du naufrage.

Par ailleurs, en liaison permanente avec l'agence de détectives privés SIA, ce même Krichtapovitch aurait en outre détenu des preuves accablantes impliquant de hautes personnalités politiques estoniennes dans des affaires criminelles. Il serait donc devenu l'homme à abattre (40).

Pourtant, si certains empruntent l'air, la mer ou la route pour les trafics de l'étranger vers la Russie, d'autres préfèrent utiliser sur place matières premières et main d'œuvre qualifiée. C'est contraints et forcés par les mafias que des scientifiques souvent au chômage produisent secrètement des drogues synthétiques. En 1992, les forces de l'ordre auraient démantelé 150 de ces laboratoires clandestins à travers le pays. Cependant, les parrains remplacent aussitôt chaque place-forte perdue par plusieurs autres, recrutant les meilleurs chimistes. Ainsi, "quelques mois seulement après l'apparition aux Etats-Unis du redoutable triméthyl-fentanyl (dernier opiacé en vogue 500 fois plus puissant que l'opium), à Kazan, quatre étudiants en chimie en découvraient à leur tour la formule. Engagés par la mafia locale, ils en ont rapidement synthétisé des quantités impressionnantes, à la grande joie des narco-khans tatars " (41).

Dans le même ordre d'idée, durant l'été 94, une information anonyme dévoilait l'existence d'une liste explosive transmise par Louis Freeh, directeur du FBI, à l'administration présidentielle russe. Ce document mettrait en cause plusieurs dirigeants du pays, titulaires d'avoirs bancaires considérables aux USA, directement impliqués dans le trafic de drogues

---

40. *Argoumenty i Fakty*, n° 38, septembre 1996.
41. Lesnik R. et Blanc H., *L'Empire de toutes les mafias*, Paris, Presses de La Cité, 1996, p. 345.

et d'autres activités criminelles (42). Téméraire, le député Sergueï Levitan n'hésite pas à affirmer que les pistes de la narcomafia russe mènent droit au Kremlin ! La chambre haute du Parlement a immédiatement prié le Sénat américain de lui communiquer les noms de ces dignitaires mafieux. Mais Levitan se dit sceptique quant au succès de la démarche :

"Je doute fort que notre demande soit satisfaite car cette liste permet aux Américains d'avoir barre sur de hauts personnages russes. Pourtant, si ces noms étaient rendus publics, cela déclencherait un scandale énorme " (43).

A ce jour, le silence sur l'affaire demeure total. Dans ces conditions, on ne s'étonne plus qu'un grand industriel russe estime que le tiers des nouvelles entreprises du pays a été créé grâce au narcotrafic (44).

Une autre information proche de l'anecdote vient confirmer cette théorie. A la suite de décès étranges survenus dans une région de Sibérie, miliciens et corps médical en arrivent à la conclusion que ces paysans auraient été empoisonnés par ingestion d'un opiacé très puissant. On découvrit que la drogue se trouvait dans le sucre acheté par les victimes à un employé de la gare. Ce dernier confessa en avoir volé quelques sacs dans un wagon de marchandises. Le sucre incriminé appartient à *Alpha-Estate*, une filiale d'*Alpha-bank*. Malgré l'ouverture d'une enquête criminelle, les agents du MVD restent pessimistes :

---

42. *Nézavissimaya Gazeta*, 16 juillet 1994.
43. *Zvezda (Perm)*, 5 août 1994.
44. *Nédélya*, n° 17, 1994.

"C'est encore un coup de Pétia; par conséquent, l'affaire sera étouffée!" (45).

Ce "Pétia" n'est autre que Piotr Aven, ancien ministre du Commerce extérieur du gouvernement Gaïdar. Amer, l'ex-Premier ministre par intérim se déclarait totalement écœuré de voir ses hommes se faire acheter, se laissant corrompre les uns après les autres...

Comparé à ces gigantesques affaires, le business des dealers originaires d'Afrique — qu'ils soient étudiants ou réfugiés clandestins — semble bien modeste. Mais comme ces trafiquants approvisionnent une clientèle importante, le phénomène mérite que l'on s'y attarde. A Moscou, leur activité se concentre essentiellement au sud et au sud-ouest de la capitale, aux abords de l'université Patrice Lumumba. Les foyers estudiantins constituent un refuge idéal pour ces clandestins, souvent munis de faux livrets universitaires, dont la plupart *dealent* de la cocaïne latino-américaine. Les miliciens russes enragent :

"Ces clans de trafiquants imaginatifs sont partout. Et nulle part... Vous les flanquez à la porte, ils reviennent par la fenêtre sous une nouvelle identité!" (46).

Rusés, les Africains ont vite compris que, pour trafiquer en paix, il fallait acheter la protection des mafias locales (celles de Solntsévo ou d'Orékhovo, entre autres).

Certes, des auxiliaires de l'Intérieur et des services secrets réussissent parfois à prendre des convoyeurs en flagrant délit. Il s'agit souvent de femmes transportant

---

45. *Zavtra*, n° 28, juillet 1995.
46. *Moskovskié Novosti*, n° 57, septembre 1995.

la drogue dans leurs sous-vêtements et de ressortissants d'Afrique ou d'Amérique Latine débarquant à l'aéroport international de Moscou, des sachets de poudre plein l'estomac. Le 6 février 96, une certaine Karen, jeune britannique domiciliée en Hollande fut contrainte d'interrompre son voyage (La Havane-Varsovie) parce que les douaniers russes avaient trouvé plusieurs kilos de cocaïne dans ses bagages (47). Accusée de trafic de stupéfiants, elle fut condamnée à une "escale" forcée de six ans en Sibérie.

Un certain Mihalek, de nationalité polonaise, donné par ses complices russes, partagera sans doute son sort. Cette bande de Moscovites blasés, tous fils de famille, consommait et trafiquait du LSD et autres hallucinogènes expédiés de Varsovie... par la poste (48).

La liste de ces exemples serait interminable. Parfaitement implantés en Russie et dans les autres Républiques ex-soviétiques, quel que soit le régime en place, les trafiquants de drogue ont manifestement un bel avenir devant eux, à l'échelle du monde.

Parmi les activités internationales, tout aussi lucratives mais beaucoup plus perverses, figure l'exploitation à outrance d'êtres humains, qui concerne de près les Occidentaux. Il s'agit des commerces clandestins d'organes, d'enfants et de femmes.

Si une transplantation cardiaque, la greffe d'un rein ou d'un foie sauvent souvent des vies humaines, les méthodes de prélèvement d'organes par les parrains

---

47. *Moskovskii Komsomolets*, 5 octobre 1996.
48. *Izvestia*, 1er octobre 1996.

blouse blanches — sur des donneurs morts ou vivants — frappent par leur barbarie. Ce trafic rapporte gros en étant donné qu'une seule opération peut être facturée plusieurs dizaines de milliers de dollars. Et la demande mondiale croissante ne fait que l'encourager. (49).

L'adoption devrait toujours être un acte d'amour; malheureusement, en achetant des nourrissons officiellement déclarés morts-nés, les Occidentaux en mal d'enfants deviennent involontairement complices des trafiquants de la CEI. Le prix d'achat de cette "marchandise" est élevé : de 50000 à 70000 dollars. Un véritable réseau de maternités et de cliniques fonctionne dans l'espace ex-soviétique avec la complicité de médecins, de magistrats et de politiciens sans scrupules. Qui saura jamais combien d'enfants ont déjà été vendus comme du bétail et combien de clans se livrent impunément à cette nouvelle contrebande? (50). Triste record : à la 49e Assemblée générale de l'ONU, la Russie a été classée premier pays mondial du trafic d'enfants.

Enfin, la prostitution représente une industrie en expansion car les réseaux internationaux de *sex-business* sont partis à la conquête du monde. Outre l'enrichissement, ils permettent en effet d'infiltrer administrations et institutions étrangères au plus haut niveau. Puisque l'idéologie, l'armement et la diplomatie n'opéraient plus, le charme slave a brillamment pris la relève (51).

---

49. Lesnik R. et Blanc H., *L'Empire de toutes les mafias*, Paris, Presses de La Cité, 1996, p. 345.
50. Ibidem.
51. Ibidem.

Chapitre VI

LA MAFIA MILITAIRE

Dans les années quatre-vingt-dix, l'armée de l'Union soviétique encore considérée comme l'une des deux superpuissances mondiales, faisait trembler le monde. Le 7 novembre, pour commémorer la Révolution bolchevique de 1917, les troupes d'élite défilaient sur la Place Rouge, étalant démonstrativement leur puissance logistique.

A l'automne 1989, avec la chute du Mur de Berlin, une réalité bien différente stupéfiait l'Occident : les unités russes, en particulier celles stationnées dans les pays de l'Est, avaient atteint un tel état de délabrement et d'indiscipline que l'armée soviétique représentait désormais une bombe à retardement. Ce n'étaient plus sa puissance et son surarmement qui menaçaient le monde, mais bien ses points faibles. Auxquels s'ajoutait l'hallucinant manque de scrupules du haut commandement impliqué dans des affaires douteuses. En effet, conscients de leur rapatriement inévitable — à plus ou moins brève échéance — les chefs militaires se livrèrent frénétiquement à l'enrichissement personnel tous azimuts. “Amasser le maximum, s’enrichir à tout prix” devient alors la devise des officiers supérieurs.

Les affaires mafieuses découvertes au sein de la ZGV (52) en constituent le parfait exemple. D’autant que, grâce à l’acharnement de la police allemande appuyée par les presses russe et germanique, l’incroyable mafia de ces généraux s’y dessine plus distinctement qu’ailleurs.

Pour se faire une idée des effectifs russes stationnés en Allemagne, il faut savoir qu’au début de 91, la ZGV comptait 546200 hommes dont 338000 militaires d’active (les 207400 autres étant de simples fonctionnaires, accompagnés de leur famille). Réparties dans 276 localités allemandes, basées dans 777 camps militaires, ces unités occupaient une superficie globale d’environ 243000 hectares. Leur équipement comportait 123000 armes et véhicules sans compter 2,6 millions de tonnes de matériels et réserves techniques. Rapatrier ces forces armées allait provoquer un exode géant, engendrant la plus extrême des confusions : condition idéale pour masquer les activités fructueuses des différentes mafias en uniforme.

Le général Matveï Bourlakov règne en maître sur ce véritable empire militaire. Personnage rusé et plutôt obscur, le commandant en chef de la ZGV jouit néanmoins du soutien total des cabinets de la Défense

52. ZGV : sigle désignant l’armée russe stationnée en Allemagne (*Zapadnaya Grouppa Voïsk*).

russe, de l'Etat-major et du Kremlin. Seule explication valable au fait que ses subordonnés ont pu, en toute impunité, piller les biens de cette armée tout en détournant une bonne partie des crédits militaires.

Glasnost aidant, grâce à une presse pluraliste, les Soviétiques en avaient déjà appris de belles sur le pays, le système, le Parti, les privilèges de la nomenklatura, les mafias ou leur vie quotidienne. Et voilà que de hauts fonctionnaires et des journalistes courageux mettaient en cause une Armée réputée intouchable, accusant les chefs militaires de la ZGV de trafic d'armes et de drogues synthétiques, de contrebande, de malversations financières, d'implantation, dans différents pays occidentaux, de structures mafieuses et autres turpitudes.

Fait significatif : dès 1992, tous ceux qui osèrent vérifier la comptabilité de la ZGV, ont payé cher leur audace. Et pourtant, il ne s'agissait pas d'obscurs fonctionnaires. Par exemple, le vice-Premier ministre Valéri Makharadzé, qui avait fait parvenir à Boris Eltsine les conclusions défavorables de son inspection, fut expédié comme attaché commercial à l'ambassade de Russie au Canada. En août 1992, Youri Boldyrev, chef de la Direction de contrôle auprès de l'administration présidentielle, avait accusé le haut commandement de la ZGV d'avoir, entre autres choses, détourné au moins 100 millions de marks pour la seule année 91 précisant, en outre, que sur ordre des généraux Sadovnikov (de la Direction du commerce de la Défense), Krouglov, son adjoint, et du colonel Réziapov (de la Direction du commerce de la ZGV), 17 millions de marks avaient été déposés sur des comptes numérotés de banques suisse, américaine et finlandaise, en juin et juillet de la même année. En réponse à ces accusations, l'inspecteur principal Boldyrev fut limogé du jour au lendemain.

Toujours à l'été 92, informés des commerces douteux des officiers russes, les journalistes de la ZDF allemande mènent l'enquête et se présentent à la ZGV camouflés en acheteurs d'armes. A leur grande stupéfaction, on accéda sans difficulté à leurs demandes. Il ne leur restait plus qu'à choisir : des Kalachnikov (en quantités illimitées à 165 dollars pièce) aux avions de chasse MIG-29 — livrables directement à partir des dépôts de Saint-Pétersbourg en passant par les blindés et les lots de munitions. Que le haut commandement de la ZGV vende une partie de ses biens pour simplifier son rapatriement est une chose, mais qu'il commercialise des armements à l'extérieur de la Russie sous emballage d'usine, en est une autre. Bien plus, cette pratique illégale est en infraction totale avec le décret présidentiel du 4 avril 1992 interdisant la commercialisation du patrimoine militaire. Or, chose curieuse, ces trafiquants en uniforme produisaient des documents authentiques, visés par le ministère de la Défense, les autorisant à vendre armes et autres biens de l'armée.

Peu après, en février 1994, les autorités allemandes se trouvent soudain en état de choc. Motif : plus de 80000 tonnes de munitions de guerre russes semblent

53. *Komsomolskaya Pravda*, 21 novembre 1995.

s'être volatilisées de leur territoire. Et parmi elles, une importante quantité d'armes chimiques. Pour évacuer ces munitions d'Allemagne, les Russes auraient dû affréter environ 4000 wagons, dont ils ne disposaient pas. Pourtant, affichant un sourire rassurant, le général Bourlakov, personnellement responsable des stocks en question, affirme à l'époque : "Il n'en reste rien!" A l'en croire, les soldats russes auraient employé 57000 tonnes de munitions à des exercices. L'Etat-major allemand en doute fort car ses experts militaires affirment que la chose est totalement impossible.

Fin octobre 1995, une équipe de la télévision allemande ZDF qui n'a cessé de chercher les munitions disparues, découvre un gigantesque dépôt d'armes et de munitions à l'intérieur de deux anciennes garnisons soviétiques, au nord de la République Tchèque. Selon toute apparence, il s'agirait justement des armements qui furent sortis d'Allemagne en contrebande (53). A partir de ces entrepôts clandestins, la marchandise était acheminée vers l'ex-Yougoslavie, l'Afrique du Sud, Israël, les fondamentalistes algériens et les clans mafieux d'Allemagne n'étant pas en reste. Ce trésor appartiendrait à une organisation internationale à laquelle sont affiliés des parrains russes, ukrainiens, tchèques, hongrois et de l'ex-Yougoslavie, coiffés par d'anciens hauts gradés de l'armée ou des services secrets tchèques et soviétiques. Le grand chef, Viktor B..., ex-commandant du GRU ne fait pas mystère de ses intentions. Il déclare en effet aux reporters de la ZDF que l'argent ainsi gagné permettra à la mafia russe d'infiltrer les sphères financières allemandes, de prendre de l'influence dans les milieux bancaires pour, en définitive, affaiblir peu à peu ce pays par une colonisation économique occulte.

De fait, l'un des casernements russes en territoire tchèque s'étend sur 258,5 km2 ; de plus, Interpol confirme l'existence de cette mafia dirigée par des anciens des services secrets soviétiques puis, russes.

Embarrassées par ces révélations explosives, les autorités tchèques affirment tout ignorer et n'avoir pas procédé à un état des lieux après le départ de l'Armée Rouge. Minimisant l'affaire, elles assurent que la population les aurait averties si des allées et venues suspectes avaient été observées dans le voisinage. Interrogée, celle-ci confirme un va-et-vient permanent aux alentours mais avoue avoir eu peur de s'en mêler. Deux hypothèses paraissent envisageables. D'abord, lors du rapatriement de la ZGV, Russes et Tchèques ont pu conclure un accord permettant aux premiers d'utiliser, quelque temps encore, leurs anciennes garnisons. Ensuite, des membres du gouvernement tchèque ont pu être payés par la mafia militaire russe pour fermer les yeux. Connaîtra-t-on jamais la vérité ? Pour l'heure, on sait seulement que ce fameux inventaire a finalement été entrepris en 1993 et qu'il aurait permis aux Tchèques de découvrir des dossiers compromettant l'ensemble de la classe politique du pays. On peut alors supposer que, grâce à ces documents explosifs, les moindres exigences mafieuses étaient satisfaites sans difficulté...

Cependant, le trafic d'armes et du patrimoine de la ZGV ne constitue pas l'unique source d'enrichissement personnel des officiers supérieurs car, à l'origine de certaines fortunes, on retrouve les crédits de la

Défense dépensés de bien curieuse manière. Par exemple, si une société leur propose d'acheter un article à 1 mark pièce, les officiers d'intendance acceptent à condition qu'on le leur facture à 10 marks ! Inutile de préciser où passe la différence. Particulièrement significative, cette commande de literie de 10 millions de marks. Le prix de gros d'un lot complet (draps, couvertures, taie d'oreiller) varie de 3 à 5 marks. Aussi invraisemblable que cela paraisse, les Russes ont tenu à le payer 15 marks. En échange d'un pot-de-vin de 500. 000 marks, l'armée russe a ainsi perdu des millions.

Pas étonnant que de tels marchés soient conclus avec des hommes d'affaires douteux tel un certain Brandwain (citoyen belge né en Ukraine, émigré en Israël), surveillé par Interpol depuis des années. Malgré les mises en garde du fisc allemand, au lieu de travailler avec des entreprises sérieuses, les responsables de la ZGV s'obstinent à traiter avec des sociétés comme *Mir Trade* (fondée en Europe par des Russes), quitte à y “perdre” 10 millions de marks et à mettre en danger la santé des soldats (en les nourrissant de produits alimentaires périmés).

“Mais il ne s'agit là que de la partie visible de cet iceberg du crime version militaire. Le plus souvent, les camions de livraison de produits alimentaires s'arrêtent devant la barrière de la caserne où l'on consigne, dans les registres officiels, que la marchandise a bien été réceptionnée... pour disparaître ensuite vers une destination secrète afin d'approvisionner les revendeurs. Généralement, la majeure partie de ces marchandises — principalement l'alcool et le tabac

— pour lesquelles les acheteurs militaires sont exemptés de taxes et d'impôts, prend aussitôt le chemin de la Russie. Où la combine devient énorme. Exemple : alors que le prix de gros du paquet de cigarettes se monte à 75 pfennigs, les militaires les achètent 90, partageant la différence avec leurs complices. Le même paquet aurait dû être vendu 1,2 mark dans les magasins de la ZGV ; au lieu de cela, le stock sera écoulé au marché noir, à 4,6 marks l'unité. Le bénéfice net d'impôts sur un seul paquet dépasse donc les 3 marks. Et ce, sans le moindre risque "(54).

Pourtant, les profits liés à l'approvisionnement semblent minimes comparés à ceux d'activités autrement plus lucratives, pratiquées par le haut commandement de la ZGV en cheville avec ses supérieurs de Moscou. Par exemple, informés de la fabrication à la chaîne de drogues synthétiques dans un hôpital militaire, les policiers allemands ont aussitôt alerté leurs homologues russes, proposant une enquête commune. Résultat : le principal responsable de cette criminelle industrie a brusquement disparu dans la nature, quelque part en Ukraine.

Autre activité coupable, prouvée par la police, source d'amertume pour des milliers d'Allemands : le trafic de voitures volées, organisé à la perfection par les officiers russes. Ils ne manquent pas de goût puisque seuls les modèles les plus prestigieux, Mercedes, BMW, Ford et cabriolets de luxe retiennent

54. Lesnik R. et Blanc H., *L'Empire de toutes les mafias*, Paris, Presses de la Cité, 1996, p. 345.

leur attention. Pour endiguer l'hémorragie, les forces de l'ordre allemandes installent des postes de contrôle supplémentaires, surveillent les cantonnements de la ZGV par hélicoptères, engageant même des détectives privés. Mais leurs requêtes au Parquet de l'armée russe obtiennent des résultats inattendus : rapatriés d'urgence, tous les officiers fichés par la police allemande sont remplacés par d'autres...

Afin d'augmenter le rendement, on établi même un véritable pont aérien entre les aérodromes de la ZGV et ceux des environs de Moscou; ainsi, les avions-cargos militaires acheminent-ils annuellement vers la capitale moscovite des milliers d'automobiles de luxe (plus de 5000 rien que durant le premier semestre de 1994). A maintes reprises, la police allemande parvient à filmer le chargement de véhicules volés. Et, lors de la diffusion de ces images à la télévision allemande, beaucoup de propriétaires reconnaissent leur voiture. Preuves à l'appui, les Allemands accusent ouvertement la ZGV. C'est compter sans le sang-froid légendaire de son commandant en chef Matveï Bourlakov, qui affirme reconnaître la signature des mafias tchétchène, arménienne, azérie et de certaines ramifications de la mafia russe. Comment les forces de l'ordre osent-elles accuser les militaires de la ZGV? Ne chercheraient-elles pas à déclencher une nouvelle guerre froide?

Certes, en Allemagne, nul n'ignore l'existence, dans le pays, des clans cités par Bourlakov. En vérité, dotés de dizaines d'aéroports, de centaines d'avions de transport, de dépôts hors d'atteinte, les officiers russes leur font une concurrence bien déloyale. Ce qui est sûr c'est qu'en 1994, à Moscou, 70 % des voitures étrangères provenaient de ces vols massifs !

Il peut arriver que les affaires des généraux tournent parfois à l'anecdote. Un beau jour, à Berlin, les militaires russes réussissent à voler la Mercedes du chef de la police. Toutes les forces de la ville se lancent alors à leurs trousses, mais elles ont affaire à de grands professionnels. Le soir même, le bijou du patron des policiers berlinois, acheminé par avion militaire spécial, roulait déjà dans les rues de Moscou. Dans ce cas précis, il faut pourtant rendre hommage à la ténacité des enquêteurs russes. En effet, après deux ans et demi d'efforts, ils finiront par la localiser— bien abîmée mais en état de marche —, à Podolsk, une petite ville proche de la capitale.

De même, Urgen Albrecht, chef du Département anti-mafia de Brandebourg, dit posséder les preuves de l'échange d'une vieille Jigouli militaire contre deux belles prostituées, immédiatement revendues à des maisons closes pour un prix exorbitant. Avec pourcentage à la clé !

Fait significatif : depuis le départ de l'armée russe, les vols des voitures germaniques auraient chuté de moitié. Urgen Albrecht affirme cependant que ces militaires ont laissé derrière eux de puissantes structures qui poursuivent leurs activités criminelles.

Quoi qu'il en soit, de retour à Moscou, Matveï Bourlakov est curieusement nommé premier vice-ministre de la Défense (poste créé sur mesure en 1994 par le ministre Pavel Gratchev déjà secondé de six vice-ministres). Un an plus tard, sous la pression de la presse et de l'opinion, Boris Eltsine "suspend provisoirement" le général de sa fonction ministérielle pour permettre à la justice "de suivre son cours". Bientôt, Ilyouchenko (55), à l'époque procureur général par intérim de la Russie, assure à la Douma qu'aucun acte grave de corruption n'a été relevé au sein de la ZGV.

Le représentant du parquet militaire se distinguera davantage encore en qualifiant toute discussion concernant la corruption des chefs militaires insensée puisqu'elle ne tombe pas sous le coup de la loi.

Quant au général Bourlakov, il se contentera de produire devant les députés des documents prouvant que les marchés préjudiciables aux intérêts de l'Etat furent passés sur "ordres supérieurs". Effectivement, ces directives émanaient d'anciens hauts personnages soviétiques tels Valentin Pavlov, ex-Premier ministre de l'URSS ou Dimitri Yazov, ancien ministre de la Défense. Néanmoins, l'ex-responsable de la ZGV a clairement laissé entendre qu'il détenait d'autres documents officiels "beaucoup plus récents." A la faveur d'une "indiscrétion" de son entourage, la presse apprenait qu'ils mettraient en cause tout à la fois le ministère de la Défense, l'appareil gouvernemental, l'administration présidentielle et d'autres organismes d'Etat.

Conformément à la logique interne du système, en août 1996, le général Bourlakov est nommé représentant du Président russe au sein de *Rosvooroujénié*, firme d'Etat détentrice du monopole de vente des armes et

55. Peu après, Ilyouchenko sera lui-même mis en examen et incarcéré pour corruption.

techniques militaires. De création récente (1993), elle possède déjà un passé plus que douteux. En mars 1995, sur ordre direct de Boris Eltsine, ses responsables étaient mis en examen par le parquet général de Russie et le parquet militaire. Principaux chefs d'accusation : non-déclaration au fisc d'un bénéfice de 137 milliards de roubles pour 1994, non-paiement d'un impôt de 44 milliards, ventes illégales d'articles de guerre (conclues sans le visa de la Banque centrale de Russie) chiffrées à quelque 90 millions de dollars...

Il faut préciser qu'à l'époque, le Président russe avait en main un rapport de son plus proche collaborateur, Alexandre Korjakov, chef de la garde du Kremlin. Ce général du KGB y dénonçait avec force détails un certain nombre de marchés douteux voire illicites conclus par les responsables de *Rosvooroujénié.* Parmi eux, figurent trois personnages dont les avoirs bancaires résultent de détournements financiers. Or, il leur suffit de restituer l'argent à l'Etat pour, ainsi lavés de tout soupçon, être aussitôt promus ! L'un d'eux, S. Svétchnikov, quitte même l'anonymat; en effet, ce colonel du GRU, inconnu de l'Armée, de la Défense et du complexe militaro-industriel, se voit bombardé, par décret présidentiel, chef du Comité d'Etat à la stratégie technico-militaire. On semble avoir oublié en haut lieu que cet ami du général Korjakov avait indûment empoché 20031 dollars en 1993. Même chose pour le général A. Kotélkine, directeur de *Rosvooroujénié,* dont les avoirs bancaires, dus à des “primes”, se montaient à 58 383 dollars en 1993. Kotélkine reconnaissait d'ailleurs, à l'automne 96, que sa firme avait connu de grands problèmes “dans le passé” :

"Nos prédécesseurs ont dissimulé au fisc environ 100 millions de dollars placés dans des banques occidentales" (56).

Toujours selon Kotélkine, d'autres dirigeants se seraient contentés de 4 à 5 malheureux millions de dollars. Quoi qu'il en soit, le directeur général de *Rosvooroujénié* ne cache pas sa fierté : le pays a reconquis la seconde place des exportations d'armes. Gageons qu'avec le savoir-faire de Matveï Bourlakov — le nouveau représentant du Président au sein de la firme — la russie pourrait bientôt occuper le premier rang mondial des exportateurs d'armes, laissant les États-Unis loin derrière.

Si les affaires de ces marchands militaires se portent à merveille, celles des anciens responsables de la Direction du commerce du ministère de la Défense ne vont pas de même. En juin 1996, le parquet militaire arrêtait le général Viktor Tsarkov, qui la dirigea jusqu'en décembre 1995, et ses deux adjoints, les colonels Y. Filippov et V. Bélyï (57). A eux trois, ces parrains en uniforme auraient causé à l'armée un préjudice de plusieurs centaines de milliards de roubles.

D'autres dommages, tel le fait d'avoir affamé des milliers de soldats, principalement dans le Grand Nord, seraient tout bonnement incalculables. Néanmoins, le châtiment des coupables paraît relever du domaine de la fiction. Selon Youri Bagraev, du

56. *Komsomolskaya Pravda*, 12 octobre 1996.
57. *Argoumenty i Fakty*, n° 39, septembre 1996.

département des enquêtes, ses subalternes auraient été mis sur écoute téléphonique, ce qui permettrait à la mafia militaire d'être parfaitement informée de leurs faits et gestes. Ce haut auxiliaire de justice ne cache pas à quel point ses investigations sont complexes et dangereuses. Le journaliste Alexandre Kondrachov en témoigne :

"Peu après ma sortie de l'immeuble du parquet militaire, un inconnu assez quelconque m'a abordé, m'appelant par mon nom, pour me prier de ne rien écrire sur l'affaire Tsarkov. Sans me menacer, il s'est borné à sourire. Mais j'avoue honnêtement que son sourire me donne encore froid dans le dos."

Dimitri Kholodov, du *Moskovskiï Komsomolets*, eut moins de chance. Le jeune journaliste allait payer de sa vie d'avoir été l'un des premiers à s'attaquer aux mafias en uniforme. A l'automne 94, il était déchiqueté par une valise piégée en pleine rédaction. En revanche, les généraux corrompus qu'il a dénoncés en ont été quittes pour des sueurs froides. Indulgent, le tribunal militaire les a condamnés à delégères peines avec sursis.

Deux ans plus tard, son confrère Alexandre Khinschtein se demande à juste titre si douze autres généraux, dont Tsarkov (mis en examen à l'automne 96) ne vont pas, eux aussi, passer au travers. L'un de ces officiers suivra peut-être l'exemple du général V. Ichoutko, un chef de la DCA, qui s'est tout simplement enfui de la salle d'audience. Depuis des mois, les forces de l'ordre le recherchent vainement dans les immensités de la Russie.

"Libéré de ses fonctions" après le premier tour des présidentielles russes, leur chef suprême Pavel

Gratchev, ancien ministre de la Défense, dément être concerné par la criminalisation de l'armée dans laquelle a trempé, en son temps, son entourage. En le limogeant, Boris Eltsine lui aurait conseillé de se reposer "momentanément". Peu après, il lui proposait de devenir le représentant de la Russie auprès de l'OTAN. "Pacha-Mercedes" (58) s'en indigne encore : "J'ai refusé net. D'abord, j'avais l'habitude d'aller à Bruxelles en qualité de ministre. En tant que tel, on m'y recevait avec respect. Et après ça, qui serai-je? Pas question!" Gratchev considère cette fonction comme indigne de lui. Elle conviendrait, à la rigueur à un colonel voire un major général, mais certainement pas à un général d'armée de sa trempe! (59).

Au même moment, désespérés de n'avoir pas touché leur solde depuis des mois, les fonctionnaires militaires de la Défense manifestaient en civil devant la Maison Blanche, siège du gouvernement russe. Et si l'Etat ne leur payait pas leur dû? "Alors, nous reviendrons" promettait l'un d'eux, menaçant. "Mais la prochaine fois, nous serons en uniforme." Et si cela ne suffisait pas à convaincre le pouvoir qu'une armée affamée peut devenir dangereuse, les manifestants sont bien décidés à s'armer de Kalachnikov.

Or, le 17 octobre 96, accusé "de préparer un putsch contre le gouvernement", le général Lebed était limogé par le Président Eltsine. En effet, Anatoli Koulikov, ministre de l'Intérieur, l'un des plus farouches

---

58. Surnom ironique de Pavel Gratchev, accusé par la presse d'avoir reçu deux Mercedes blindées pour son usage personnel - en guise de pot de vin - de la part des chefs de la ZGV.
59. *Moskovskii Komsomolets*, 4 octobre 1996.

adversaires du secrétaire du Conseil de Sécurité, l'avait accusé de former son armée personnelle. Le très sérieux hebdomadaire Vek (Le Siècle) confirmait : 2 jeunes appelés sur trois sont recrutés par les services secrets (60). S'il s'agit de constituer une armée parallèle, on est en droit de se demander à quelles fins et au service de qui ? Indice supplémentaire, alors même que la Défense ne recevait plus aucun crédit de fonctionnement en août et septembre 1996, l'ex-KGB, lui, était financé à 100 %.

Sous-équipées, sous-alimentées, privées de solde, écœurées de la corruption hallucinante du haut commandement, les troupes russes semblent à bout de patience. Dans ce contexte, l'avertissement lancé par le général Lebed quelques jours avant son limogeage s'explique parfaitement : “L'armée est au bord de l'explosion !”

Ne serait-ce pas précisément l'un des objectifs des mafias militaires ?

---

60. *Vek*, 11 au 11 octobre 1996.

Chapitre VII

MAFIAS ET INSTITUTIONS

1. Mafias et pouvoir politique

Manifestement, après s'être emparées du pouvoir économique en Russie et ailleurs, les mafias héritées du soviétisme recherchent une légitimation politique. Depuis la désintégration de l'URSS, l'échiquier politique de chaque République ex-soviétique se présente sur le même modèle : partout, les anciens maîtres restent ou reviennent au pouvoir.

Même dans les pays Baltes, farouchement accrochés à leur indépendance vis-à-vis de la Russie, Alguirdas Brazaouskas, l'ex-numéro un du PC lituanien (rebaptisé Parti Démocratique du travail) succédait au démocrate Vitautas Landsberguis.

L'Ukraine, où le communiste Koutchma remplaçait à la présidence son ancien chef hiérarchique au PC, n'exclut pas l'éventualité d'un *Kravtchioukgate*. En effet, l'ancien président Leonid Kravtchiouk aurait dilapidé les crédits de L'Etat par dizaines de millions de dollars; néanmoins, protégé par l'immunité parlementaire, il demeure hors d'atteinte de la justice. Pour toute réponse, Kravtchiouk se contente de rétorquer que tout "leader battu traîne inévitablement des casseroles derrière lui" et sait rester imperturbable même lorsque l'ex-chef de sa garde personnelle, V. Palidova, est arrêté à l'été 95 sous l'inculpation de vol à grande échelle, d'escroqueries et d'abus de pouvoir exercés sous la protection de son ancien patron.

Également impliqué dans de sombres trafics de kérosène, d'armes et du patrimoine d'Etat, E. Zviaguilskiï, l'ancien Premier ministre ukrainien réfugié en Israël, tente en revanche de prouver son innocence (61).

En Asie centrale, les transformations radicales se sont résumées au fait que les communistes d'hier sont devenus les *khans* (seigneurs) d'aujourd'hui, c'est-à-dire des dignitaires immensément riches. Ainsi, Islam Karimov règne-t-il sur l'Ouzbéistan où l'on a officiellement rétabli le culte de l'ancien numéro un du Parti et de la République, Charaf Rachidov, le plus grand parrain ouzbek vénéré à l'égal d'un dieu.

Au Turkménistan, le dictateur Saparmourat Nyazov (qui a pris le pseudonyme pompeux de Turkmenbachi ou "Maître suprême du pays") s'est fait réélire à la présidence du pays jusqu'en 2004 avec 99,9 % des suffrages. En outre, il envisagerait sérieusement de fonder une nouvelle dynastie. Même au temps de Brejnev, les scores étaient moins éclatants car détenus et malades mentaux se trouvaient, à l'époque, exclus du corps électoral.

61. *Izvestia*, 9 septembre 1995.

Idem pour le parrain Gueïdar Aliev, ancien chef du KGB et du PC d'Azerbaïdjan qui totalisait, le 3 octobre 1993, 98,8 % des suffrages. Malgré son implication dans de multiples scandales (dénoncés par les juges Gdlyan et Ivanov qui avaient instruit l'affaire du coton ouzbek), il revenait aux commandes après un "repos forcé" de plusieurs années. C'est un certain Souret Gousseïnov, redoutable roi du narcotrafic, qui soutint son retour politique. D'abord nommé Premier ministre en guise de remerciement, ce dernier se verra bientôt accusé de préparer un coup d'Etat. Obligé de se réfugier à Moscou, Gousseïnov sera contraint d'abandonner ses bénéfices provenant du marché (légalisé) du pétrole.

Curieuse métamorphose en vérité que celle des leaders dits "démocrates" parvenus au pouvoir dans les autres pays du Caucase, à l'exception de l'Azerbaïdjan où Aliev n'a jamais prétendu l'être.

On constate qu'en Arménie, par exemple, Levon Ter-Petrossian a fini par instaurer un régime frisant la dictature. Au cours de son premier mandat, ont été assassinés, entre autres, A. Galstian, maire de Erévan (la capitale) et M. Youzbachian, président du KGB local. Ces deux hommes furent, avec Ter-Petrossian, à l'origine du Comité Karabakh, premier embryon de pensée démocratique du pays. L'homme d'affaires S. Djilavian, qui refuse de payer des impôts au Trésor arménien sous prétexte qu'il exerce son florissant business en Russie, échappe de peu à la mort. Réélu une seconde fois en septembre 1996 à la faveur d'élections apparemment truquées, Ter-Petrossian n'hésite pas à faire quadriller la capitale arménienne par les chars de l'armée. Il voulait ainsi couper court à des manifestations d'électeurs, écœurés des fraudes électorales qui avaient causé la défaite de V. Manoukian, leur nouvelle idole. Quant à Edouard Chévardnadzé, l'ex-numéro un à la fois de l'Intérieur, du KGB et du PC de Géorgie, il va encore plus loin. Mondialement connu comme un libéral, cet ancien ministre des Affaires étrangères de Gorbatchev s'est, en quelque sorte, retrouvé "chômeur" après la désintégration de l'URSS. Il songe alors à revenir aux commandes de la Géorgie, République où il fit l'essentiel de sa carrière. Or, la présidence est déjà occupée. Pour atteindre son objectif, il se livre alors à de sombres intrigues : n'ayant pas hésité à chasser Zviad Gamsakhourdia, seul président géorgien régulièrement élu au suffrage universel en 1990 (avec 87 % des suffrages) pour prendre sa place, il plonge la Géorgie dans la guerre civile. Au bout du compte, vaincu, exilé, Gamsakhourdia se verra "acculé au suicide". En réalité, les circonstances fort étranges de sa mort n'ont jamais été élucidées et personne n'a été autorisé à voir son cadavre. Nombreux sont ceux qui ont favorisé l'accession au pouvoir de Chévardnadzé. Parmi eux, Guïa Tchantouria, leader du parti national démocrate géorgien, qui aurait accepté de servir le KGB contre les anticommunistes. Ensuite, Tenguiz Sigoua qui deviendra Premier ministre sous Chévardnadzé. Enfin, Tenguiz Kitovani, chef de la garde nationale, par la suite nommé ministre de la Défense ainsi que Djaba Iosséliani, fondateur, en 1989, des détachements militaires *Mkhédrioni* qui précipitèrent la chute de Gamsakhourdia.

Dans les années 1994-1995, une lutte acharnée en vue du partage des biens se déroule dans ces nouvelles dictatures bananières du Caucase, où les problèmes économiques se muent en politique criminalisée. En Géorgie, le richissime mafioso Tenguiz Kitovani, ex-ministre de la Défense, tombe en disgrâce. Son successeur, Guïa Karkarachvili, échappe de justesse à un attentat. Avant son incarcération, les députés géorgiens exigeaient déjà la démission de Djaba Iosséliani parce qu'il contrôlait la mafia du trafic d'armes, déterminée à reprendre la guerre contre l'Abkhazie. Étouffant sous la pression drastique du fisc local, les structures les plus importantes transfèrent leurs avoirs en Russie, quitte à payer un tribut supplémentaire. Beaucoup de politiciens de l'entourage de Chévardnadzé, dont le député Guïa Tchantouria, finiront assassinés.

Face à des parlements impuissants, dictées par décrets présidentiels, les décisions économiques du pays reviennent à un véritable racket d'Etat. Bien évidemment, les partis politiques gênant les dirigeants sont interdits, de même que la presse d'opposition. En outre, les partisans d'un pouvoir de fer au Caucase ou ailleurs peuvent compter sur l'aide directe de la Russie. L'accord russo-géorgien stipule notamment, qu'en échange du déploiement de bases militaires maritimes, la sœur aînée formera les troupes géorgiennes, leur fournissant toute la logistique nécessaire.

L'attitude du Kremlin à l'égard de la Tchétchénie pousse les trois ex-républiques soviétiques du Caucase à régler par la force les problèmes d'intégrité nationale. Au milieu des années quatre-vingt-dix, les régimes qui mettent le cap sur la dictature policière ont le vent en poupe.

Du fait de son immensité — un huitième de la surface terrestre après la désintégration de l'URSS — la Russie connaît des problèmes beaucoup plus complexes. A l'image de la Kalmoukie, certaines de ses régions tombent aux mains d'hommes sans scrupule tel l'actuel président, Kirsan Ilyoumjinov. Que ce jeune milliardaire soit parvenu au pouvoir, en mai 1993, en achetant ouvertement 100 dollars (une fortune) chaque électeur kalmouk est de notoriété publique (62). Outre que l'on ignore l'origine de sa fortune, ses trois années de présidence n'ont guère profité à la steppe kalmouke en dépit de son image de chef d'entreprise dynamique, l'élevage du mouton. Le cheptel de cette petite République russe — dont l'élevage du mouton est la principale activité économique — est passé de 3 millions à 1,2 million de têtes. En outre, officieusement, le chômage dépasse déjà les 70 % et les entreprises se voient obligées de fermer les unes après les autres (63).

Ce naufrage économique n'a pas empêché Ilyoumjinov de décréter des élections présidentielles anticipées le 15 octobre 1995, avant l'expiration de son mandat. Unique candidat, il n'a pas manqué d'être réélu président pour sept ans. La presse a d'ailleurs vivement stigmatisé cette "profanation des règles élémentaires de la démocratie"(64). En vain.

---

62. *Délovoï Mir*, 6 avril 1993.
63. *Pravda,* 25 octobre 1995.
64. *Izvestia,* 17 octobre 1995.

Qu'on les dénomme régions, terres ou républiques — autonomes ou non — les autres "sujets" de la Fédération russe (89 au total) connaissent des situations beaucoup plus complexes. Or, partout l'on observe une similitude : des ambitieux sans scrupule, entrés en politique au temps du régime soviétique et s'appuyant sur des forces criminelles, parviennent au pouvoir selon un mécanisme quasi immuable.

Tel est le cas du puissant gouverneur du Primoryé, Evguéni Nazdratenko qui, à la fin des années quatre-vingt, dirigeait un collectif de chercheurs d'or. Sur les conseils de son éminence grise, un certain Kliger — ayant déjà fait l'objet de deux condamnations — Nazdratenko transformait bientôt l'exploitation d'Etat en compagnie minière (privée) pour en devenir président (donc, patron). On le retrouve, peu après, député au Soviet Suprême de la RSFSR (à l'époque, toute fonction parlementaire ou ministérielle avait déjà son "prix d'achat"). A Moscou, son charme naturel et sa débrouillardise l'aident à se constituer un réseau de relations, voire de complices, qui lui sera fort utile à l'avenir. Après le coup d'envoi des réformes économiques en Russie, Nazdratenko s'installe définitivement au Primoryé, où il réussit à regrouper en un club élitiste les responsables de 213 entreprises d'Etat (sur les 380 de la région) au sein du PAKT (société par actions des entrepreneurs du Primoryé), qu'il présidera. C'est ainsi que ces "directeurs rouges" se métamorphosent légalement en patrons n'ayant cure des ouvriers ou employés. Au début, les travailleurs ne comprennent pas ce qui est en train de se passer; mais très vite, ayant réalisé la manœuvre, ils commencent à se révolter. Pour les calmer, les nouveaux chefs d'entreprises décident de leur accorder des miettes ; alors, par dizaines de milliers, les salariés accèdent au droit de se répartir 5 % des actions de l'usine ou de la mine, tandis que chacun des 213 patrons en conserve 95 %. Fébrilement, ils créent de nouvelles structures, le plus souvent des sociétés-écrans servant à dissimuler les bénéfices. De plus, utilisant les crédits de l'Etat à leurs fins personnelles, ils accordent des "prêts" à d'autres entreprises (encore dépourvues de patron), rachetant peu à peu leurs actions à bas prix pour en prendre le contrôle. Le fisc reconnaît que, rien que pour 1992 et le premier semestre de 1993, le PAKT lui a dissimulé 171 millions de roubles (somme colossale pour l'époque), dont l'imposition lui aurait rapporté quelque 55 millions.

L'exemple du Primoryé montre à quel point le partage du patrimoine d'Etat et des fonds pendant la première étape de la privatisation, menée par Anatoli Tchoubaïs, rapproche la nomenklatura politique des parrains du crime organisé. Ces deux mondes progressent parallèlement en direction d'un seul et même objectif. La pratique démontre que "cols blancs" et hommes de main des racketteurs et trafiquants ont un besoin prioritaire les uns des autres ; en définitive, ils finissent par se confondre sans, pour autant, afficher leurs liens. Au total, on comptabilise au Primoryé une bonne douzaine de clans criminels dont le plus redoutable serait dirigé par un certain Baoulo, vieille connaissance de Nazdratenko. A peine ce dernier, propulsé par le PAKT, arrive-t-il à la tête du Primoryé, que le parrain se fixe, lui aussi, à la capitale, Vladivostok. En peu de temps, Baoulo met en coupe réglée les autres clans, les petites entreprises privées et même les consortiums géants de l'Extrême-Orient.

Pourtant, un obstacle se dresse soudain devant ces nouveaux capitalistes : Viktor Tchérepkov, le Maire de Vladivostok, déclare une guerre sans merci aux mafias. Parfaitement inconnu jusque-là, cet ancien officier de marine avait filmé (à l'aide d'une caméra cachée) les fantassins de l'île Rousskiï. En effet, victimes de sévices barbares, affamés par leur haut commandement, nombre d'entre eux étaient réduits à l'état de squelette. Plusieurs hommes mourront d'ailleurs de ces mauvais traitements. Ayant démasqué l'une des mafias militaires de la flotte du Pacifique uniquement préoccupée de détourner les crédits de la marine, l'intrépide officier s'était fait élire à la Mairie de Vladivostok. En dépit des tentatives du gouverneur et de sa clique pour le discréditer, Tchérepkov obtenait 67 % des suffrages alors qu'il n'était que l'un des 19 candidats aux municipales. Du jour de son élection, une seule idée commence à obséder les parrains locaux : le faire tomber.

Début 1994, en cheville avec les forces de l'ordre et les services secrets, ils fabriquent de toutes pièces des affaires criminelles compromettant Viktor Tchérepkov, y impliquant même son fils, Vladimir. Ce dernier sera condamné à 4 ans pour "trafics d'armes et de drogue", vols et autres délits. Ayant déjà échappé à plusieurs tentatives d'attentat, le Maire est discrètement averti : son arrestation permettra de le "suicider" en cellule. Prenant alors la fuite, il sera bientôt destitué par décret du Président Eltsine. Déjà, un certain Tolstochéïn, nommé par le gouverneur, assure l'intérim à la Mairie. Des rumeurs persistantes affirment que le notable serait un proche du mafieux Baoulo et que, pour acheter les témoins à charge, le parrain aurait réuni 4 milliards de roubles.

Quoi qu'il en soit, après ces événements, Baoulo sera éliminé au cours d'une partie de plongée sous-marine. Et quand Tolstochéïn, leur nouveau maire, assiste aux grandioses funérailles du parrain, plus aucun doute ne subsiste chez les habitants de Vladivostok : leur ville est bel et bien administrée par la mafia (65).

Entre temps, Viktor Tchérepkov dépose plainte contre Boris Eltsine : étant donné que c'est le suffrage universel qui l'avait porté à la mairie, il considère le décret présidentiel le destituant comme anticonstitutionnel. Au lieu des dix jours habituels dans ce type de procédure, celle-ci se prolongera près de deux ans. A l'automne 96, entièrement réhabilité et confirmé dans sa fonction de Maire, Viktor Tchérepkov regagnera Vladivostok sous la protection des juges anti-mafia Gdlyan et Ivanov et d'autres personnages officiels dont le député Alexeï Lebed, frère cadet d'Alexandre (qui sera, lui aussi, limogé par décret présidentiel). Ces hommes découvrent alors un tableau surréaliste : de la Mairie, entièrement vide, ne subsiste plus que les murs. En effet, avant de partir, le prédécesseur

---

65. *Izvestia,* 23, 24, 25 et 26 juillet 1996.

intérimaire a tout raflé, du mobilier jusqu'aux téléphones sans oublier les voitures de fonction. Vladivostok, elle, ressemble à s'y méprendre à son administration dépouillée : plongée dans le chômage et la misère (pour cause de salaires impayés), menacée de famine et de manque de chauffage, secouée par des grèves de protestation.

Seuls Nazdratenko et sa bande continuent à prospérer, rendant le budget fédéral responsable de tous ces maux et affirmant haut et fort sa légitimité. De fait, il a été réélu gouverneur avec 92 % des voix et une participation de 93 % (66). Difficile d'imaginer la chute de ce puissant parrain qui, tout en recevant Alexandre Korjakov, l'ex-chef de la garde présidentielle limogé en juin 1996, persiste à afficher ses liens avec Anatoli Tchoubaïs, ennemi juré de ce dernier, devenu au même moment, patron de l'administration présidentielle. Mystérieux, Nazdratenko laisse entendre que certaines de ses relations se situent "beaucoup plus haut".

Accusé par les mauvaises langues de faire chanter le Kremlin, le menaçant de décréter une République de l'Extrême-Orient indépendante de la Russie, le gouverneur s'indigne : ce grand patriote ne permettra jamais la désintégration du pays, même si l'Etat se désintéresse des armées du Pacifique. Et il va jusqu'à prouver, chiffres à l'appui, que le budget fédéral refuse de régler les dettes militaires : à l'automne 96, la DCA devait à *Dalénergo* (une société

66. *Vek*, n° 37, 20 au 26 septembre 1996.

privée) une facture d'électricité de 75 milliards de roubles ; les gardes-frontières lui devaient, quant à eux, 70 milliards et la Flotte, un trillion 320 milliards de roubles. Afin de prévenir une catastrophe nucléaire, Nazdratenko utilise les allocations alimentaires destinées aux nouveaux-nés pour chauffer les sous-marins atomiques. En effet, à une température inférieure à 4°, leurs réacteurs risquent d'exploser. Pour se couvrir, le gouverneur décline toute responsabilité :

"Les forces militaires du Pacifique relèvent de l'autorité de la Russie et non de celle du gouverneur du Primoryé... Moi, je suis Nazdratenko et pas Doudaev auquel l'armée, en quittant cette République, avait laissé tout son équipement !"

L'allusion est claire. Qui oserait s'attaquer à ce parrain-gouverneur qui, en dépit des mêmes enjeux qu'en Tchétchénie, a évité à la région du Primoryé une guerre semblable à celle du Caucase ?

En effet, contrairement aux idées reçues, le conflit sanglant qui opposa Moscou à Groznyï, ne se réduit pas à une simple lutte pour l'indépendance nationale. Au milieu des années quatre-vingt-dix, rares sont ceux qui se souviennent que l'indépendance de la République Tchétchèno-Ingouche avait été proclamée à l'automne 1990, au temps de l'Union soviétique, par son leader communiste Dokou Zavgaev. Un an plus tard, lors de la séparation de ces deux ethnies, à peine élu Président, Djokhar Doudaev n'a fait qu'en réaffirmer l'autonomie. On se demande bien pourquoi la Tchétchénie rebelle n'a pas bénéficié, en son temps, du statut particulier accordé à la Bachkirie ou au Tatarstan (également riches en pétrole), deux Républiques quasi souveraines en plein cœur de la Russie ? L'explication réside peut-être dans la situation géopolitique de la Tchétchénie : située à la périphérie de l'Empire, elle permettait à ses maîtres mafieux de se livrer impunément à divers trafics dont les bénéfices étaient équitablement répartis entre parrains russes et locaux. Animée d'une haine ancestrale à l'égard de son colonisateur d'antan (encore attisée par Staline qui l'avait fait déporter en Sibérie), cette ethnie était la mieux placée pour marcher au combat sous la bannière de l'indépendance nationale.

En réalité, sous couvert d'indépendantisme, cette guerre masquait aussi des règlements de comptes politico-économiques entre puissantes mafias russes et tchétchènes. On pressent des enjeux colossaux sans être certain de jamais chiffrer les fortunes mafieuses bâties sur le pétrole. Loin de pouvoir rivaliser avec le Koweit, la Tchétchénie semblait néanmoins regorger d'or noir. En octobre 1996, le général Lebed, alors secrétaire du Conseil de Sécurité précisait que, des années durant, l'extraction locale n'a jamais dépassé 1,5 million de tonnes ; or, s'y ajoutaient les 12 à 14 millions de tonnes supplémentaires convergeant de Russie. L'Etat russe ne voyait jamais le produit de ces ventes équitablement réparti entre complices de Moscou et de Groznyï. Lebed avoue avoir perdu la trace des gigantesques bénéfices de ces trafics pétroliers. Amer, il conclut : "Ces capitaux sont bien cachés !" (67).

67. *Argoumenty i Fakty*, n° 43, octobre 1996.

S'y ajoutent la production à outrance et le trafic de drogues, impossibles à réaliser sans la complicité des Russes et notamment des services secrets.

A l'automne 1994, le ministre de la Défense Pavel Gratchev prétendait qu'il suffirait de deux heures pour déloger Doudaev du palais présidentiel. Effectivement, la Russie possède des unités d'élite surentraînées assurément capables d'un tel exploit. Or, au lieu d'une offensive fulgurante, on a assisté à un conflit de 20 mois, d'une rare barbarie, offrant des possibilités de trafics illimitées : notamment la contrebande d'armes, de munitions, les trafics de drogue et d'organes. Chose curieuse, les multiples bombardements intensifs ont miraculeusement épargné les pipe-lines acheminant le pétrole.

Selon les experts, cette guerre a coûté à la Russie près de 140 milliards de dollars, dilapidés en grande partie au titre de dépenses militaires (68). A ce montant vertigineux vient s'ajouter le coût de la future reconstruction, par les Russes, des villes tchétchènes en ruines. Par exemple, Groznyï, la capitale, a été détruite à 100 %; d'autres localités, comme Argoune et Goudermes, à plus de 50 %. Fin août 1996, on comptabilisait 500000 sans abris tandis que 400000 habitants — aussi bien russes que tchétchénes — avaient fui la République. Côté séparatiste, les pertes humaines — en grande partie civiles — se montent à au moins 100000 morts. Côté russe, on recense 80000

---

68. *Izvestia*, 12 octobre 1996.

soldats tués. Il paraît certain que l'on ne connaîtra jamais le nombre réel des victimes et des mutilés. Ce qui est sûr c'est qu'un bon tiers de l'armée fédérale a combattu en territoire tchétchène. Mais qui pourra estimer le préjudice moral infligé aux populations des deux belligérants et le prix exorbitant que les mafias ont fait payer à tout un peuple pour s'enrichir davantage ?

A l'automne 96, Alexandre Lebed signe un cessez-le-feu gelant, provisoirement du moins, la guerre et menace de citer nommément ceux qui, au Kremlin, ont fait fortune grâce à elle. Mais il sera remercié de son poste de secrétaire du Conseil de Sécurité avant d'être en mesure de tenir sa promesse. Une fois de plus, *l'establishment* politico-mafieux de Moscou aurait donc le dernier mot. Cependant, malgré son passage éclair dans les allées du pouvoir — 133 jours seulement — Lebed a mis en lumière certaines tumeurs malignes au plus haut niveau de l'Etat. Même si telle n'était pas son intention.

Ainsi, à l'issue du premier tour des présidentielles, on note que Boris Eltsine s'est brutalement séparé de plusieurs membres de son entourage, motivant son geste par cette petite phrase : “Ils se sont servis au maximum sans rien donner en échange”. Le 20 juin 96 sont donc limogés : Pavel Gratchev, le “meilleur ministre de la Défense”, le premier vice-Premier ministre Oleg Soskovets, le patron des services secrets Mikhaïl Barsoukov ainsi que le chef de la garde présidentielle Alexandre Korjakov, ami et confident du Président russe. La veille, ces deux derniers avaient commis l'erreur fatale de faire arrêter deux hommes du staff présidentiel porteurs de 538 000 dollars. Or, il s'agissait de proches collaborateurs d'Anatoli Tchoubaïs, ancien ministre à la privatisation, responsable de la campagne électorale du candidat Eltsine. Bien que très controversé dans l'opinion ce "privatisateur", qui semble avoir surtout favorisé les intérêts mafieux, sera immédiatement promu chef de l'administration présidentielle, le poste clé du Kremlin.

Au début, déconcertés par la rapidité des événements (en particulier la nomination, au lendemain du premier tour, d'Alexandre Lebed à la tête du Conseil de Sécurité), les observateurs interprètent ces limogeages comme l'une des conditions posées par le général à son soutien électoral à Eltsine. Exigence qui cadrait d'ailleurs parfaitement avec l'intransigeance du personnage. Du reste, chacun connaissait l'animosité de l'ex-commandant de la 14e armée envers Pavel Gratchev. Mais voilà que l'intègre Lebed conclut une alliance surprenante, presque contre nature, avec Alexandre Korjakov. Comment pouvait-il se rapprocher ainsi du général du KGB tenu pour le plus corrompu du régime ? Interrogé sur ce point, le général Lebed répond avec son sang-froid coutumier :

"Je ne possède pas ces preuves, affirme-t-il. Il n'existe aucun document corroborant "ce racket de l'Etat" que l'on impute à Korjakov !"

Un autre limogé de fraîche date, Boris Fédorov, l'ex-président du Fond National du Sport, s'exprimait sur les chaînes de télévision ORT et NTV (tenues respectivement par le banquier B. Bérézovskiï et le financier V. Goussinkiï), accusant A. Korjakov et

M. Barsoukov, l'ancien patron des services secrets, d'avoir voulu lui extorquer 40 millions de dollars prélevés sur la caisse de l'organisation sportive. Sans en apporter la preuve.

De son côté, Korjakov réagit en donnant une conférence de presse devant quelque 800 journalistes russes et étrangers. Sans citer de noms, il affirme qu'une campagne diabolique tente de le discréditer, visant peut-être même à le supprimer. Toutefois, détenant des preuves irréfutables contre les plus hauts fonctionnaires de l'Etat qu'il accuse de crimes, le général Korjakov précise que, s'il était liquidé, ces documents seraient inévitablement rendus publics.

Que Korjakov et Barsoukov aient ou pas exigé ces 40 millions de dollars (soit pour eux-mêmes soit pour la caisse noire de la campagne électorale de Boris Eltsine), une chose est évidente : les événements qui ont conduit à l'assaut du parlement par l'armée, en octobre 1993, n'ont pas servi de leçon à la classe politique russe. Or, cet épisode sanglant avait, lui aussi, débuté par la "guerre des *kompromat*" (documents compromettants). Le général Alexandre Routskoï (69), alors vice-Président de la Russie, affirmait en détenir 11 valises pleines. A l'époque, deux clans luttaient pour le pouvoir absolu alors même que le partage des biens de l'Etat était à son paroxysme. On en connaît le dénouement : d'abord considéré comme victorieux, le Président Eltsine se retrouvait écarté

69. En octobre 1996, Routskoï a été élu gouverneur de la région de Koursk. NDA.

des affaires peu de temps après. Son entourage lui ayant confisqué le pouvoir, commença la seconde partie de l'ère Eltsine : isolé, désinformé, manipulé, il se mit à régner sans gouverner. On alla même jusqu'à le laisser se discréditer dans l'opinion internationale grâce à ses apparitions publiques en état d'ébriété, ses entorses au protocole ou encore sa curieuse disparition, au début de la guerre en Tchétchénie, pour subir "une opération du nez"...

C'est ce même "clan Eltsine" qui mit en danger la vie du Président afin de le faire réélire à tout prix aux présidentielles de 1996, lui imposant une campagne à l'américaine au détriment de sa santé. Aussi, Alexandre Korjakov, — l'ombre de Boris Eltsine durant ces douze dernières années —, paraît-il convainquant lorsqu'il regrette la tenue de ces présidentielles dont il avait souhaité le report :

"J'ai voulu préserver le Président dans l'intérêt du pays car je savais que, même s'il gagnait, *nous aurions un régent à la tête de la Russie*." (Il s'agit manifestement d'Anatoli Tchoubaïs).

A la lumière de ces informations, on s'explique mieux son limogeage. Il est clair qu'après le premier tour de l'élection, l'entourage présidentiel s'était déjà scindé au moins en deux camps aux intérêts opposés; conscient du mauvais état de santé de Boris Eltsine, chacun d'eux se hâtait de se positionner pour sa succession sous couleur d'assainir la vie politique russe.

Mais voici, que le 18 octobre 1996, la *Pravda* posait ouvertement une question brûlante : "Peut-on réellement savoir qui dirige notre pays?" Pour conclure qu'il s'agirait, en l'occurrence, de personnages omnipotents demeurés dans l'ombre afin de donner leurs ordres aux politiciens apparaissant, eux, en pleine lumière. Par exemple : "Le général untel doit être déplacé à droite, tel autre affecté à gauche..."

Évidemment, la constitution russe prévoit qu'en cas d'incapacité du Président, le Premier ministre doit assurer l'intérim. Pourtant, les événements du Kremlin se sont déroulés assez bizarrement. Après avoir admis sa maladie à la télévision, Boris Eltsine se retire pour un bilan médical avant ses pontages coronariens (pratiqués le 5 novembre 96) sans déléguer officiellement ses prérogatives à une personne précise. En effet, avoir confié le destin de la Russie à V. Tchernomyrdine durant les quelques heures de l'intervention, ressemble plus à un épisode anecdotique qu'à une décision politique. Et pourtant, il faut bien constater que la longue absence du Président n'a en rien modifié la vie quotidienne du pays.

En définitive, pourquoi les Russes, dont l'écrasante majorité se trouve condamnée à survivre, devraient-ils encore se demander qui les dirige ? De toute manière, la plupart d'entre eux n'ont pas tant voté pour Eltsine que contre un retour au régime, à la société passés. En dépit de tout, entre les deux tours des présidentielles, Lebed s'est rangé du côté d'Eltsine. Pour faire échec aux communistes ou bien a-t-il passé un accord avec les démocrates ? Questionné sur les motifs qui le poussèrent à soutenir le Président sortant, le général Lebed se montre parfaitement réaliste :

"Je n'ai jamais marchandé. Mon choix était limité : reculer avec Ziouganov ou faire du surplace avec Eltsine. Second objectif : investir cette forteresse du pouvoir pour en observer les règles du jeu. Chose étonnante, ils m'ont supporté plus longtemps que je ne l'avais prévu."

Mais, contrairement à ce qu'a affirmé le jeune soldat déplorant que Lebed ait échangé son poste de secrétaire du Conseil de Sécurité contre sa promesse de divulguer les noms des responsables de la guerre en Tchétchénie, le général a néanmoins tenu parole. A sa façon : directe et laconique. Ainsi, juste après sa destitution, il avouait publiquement que la première personne à lui reprocher vertement d'avoir mis fin à ce conflit, ne fut autre que le richissime financier russe Boris Bérézovskiï. Et ce, en des termes très explicites :

"Mais de quel juteux business tu nous as privés ! Les morts ? Quelle importance ? Il y en aura toujours. Alors, un peu plus, un peu moins..."

Et Lebed, de préciser :

"Je me suis employé à le convaincre que la paix ouvrait des perspectives bien plus grandes pour les affaires que la guerre."

Effectivement, rien de ce qui touche au business ne semble étranger à Bérézovskiï. S'étant lancé dans l'automobile au temps de la libéralisation gorbatchévienne, — production, importation, commerce en gros ou au détail —, il devient, sous Eltsine, le patron incontesté du marché russe de l'auto, solidement implanté à la tête d'une gigantesque nébuleuse de sociétés, d'usines, de banques et autres pyramides financières. Mais comme le vrai pouvoir passe par la communication et les médias, il se reconvertit en patron virtuel de l'ORT, première chaîne de la télévision nationale. Il constitue également un grand groupe de presse en achetant de nombreuses publications.

Au début de 1996, année pleine de promesses qui s'annonce agitée, alors que les Russes s'apprêtent à choisir le prochain président, une seule chose manque encore à son bonheur : une fonction au Kremlin. Pas obligatoirement très importante car, lucide, Bérézovskiï a conscience qu'il compte peu d'amis. Mais il sait aussi qu'il arrose — du plus petit au plus grand —, les pions pléthoriques installés aux commandes de l'Etat. Il est même soupçonné d'avoir commandité l'assassinat de Vladislav Listyev, le présentateur vedette de la télévision russe, le 1er mars 1995. Pourtant, la justice ne se hasarde pas à l'inquiéter. En effet, le juge qui s'y risquerait serait instantanément submergé par une avalanche de coups de téléphone venus de "très haut", lui intimant de laisser Bérézovskiï en paix.

En toute logique, Boris Bérézovskiï, n'a donc pas la moindre envie que change le sommet de la hiérarchie. Hélas pour lui, lancé dans la campagne présidentielle, Boris Eltsine se trouve au plus bas dans les sondages. Accusé de tous les maux et limogé de son poste de premier vice-Premier ministre peu avant, l'éternel Tchoubaïs est bombardé responsable de la campagne électorale du président sortant. Sans plus attendre, ses grands amis comme les banquiers B. Bérézovskiï et V. Goussinski — également patron de la chaîne télévisée "indépendante" NTV et d'autres mass médias —, mettent à sa disposition tout le poids de leurs empires financiers respectifs. Au même moment les Russes se rendent à l'évidence : le général Lebed commence, lui aussi, à bénéficier d'un important soutien financier.

On connaît la suite. Grâce à une alliance essentiellement électoraliste, Eltsine arrache de justesse un nouveau mandat et le dynamique Tchoubaïs, devenu patron de l'administration présidentielle, s'arroge les pleins pouvoirs. En octobre 1996, a peine Lebed vient-il d'être limogé du Conseil de Sécurité, que Bérézovskiï est nommé l'adjoint de son successeur, l'opportuniste I. Rybkine. Une fois son objectif atteint, plus rien ne viendra perturber la sérénité de ce nouveau haut fonctionnaire : ni sa double citoyenneté (russe et israélite), ni même d'être désigné comme "le parrain du Kremlin" par l'influent magazine américain *Forbes*. Le considérant comme "l'un des personnages les plus puissants de Russie, derrière lequel se dessine une longue traînée de cadavres, de dettes non honorées, de concurrents menacés qui craignent pour leur vie...", la publication l'accuse de délits extrêmement graves. Elle affirme, en substance, que les Russes ont toutes les raisons de se méfier de Bérézovskiï et des gens de son acabit car, à l'instar des anciens dignitaires communistes, ces nouveaux leaders du monde criminel utilisent des hommes de main et des racketteurs entraînés par le KGB. L'adjoint du nouveau secrétaire du Conseil de Sécurité méditera de longs mois avant de déposer plainte en diffamation à l'encontre de *Forbes*, le 12 février 1997. Étrangement, cette plainte a été enregistrée au parquet de Londres sous prétexte que Bérézovskiï y possède des bureaux, une résidence et des attaches familiales."

Que pense Lebed de toutes ces accusations ? Il répond nettement :

"Elles sont parfaitement fondées. A la justice de suivre son cours". Tandis que son procès contre

Forbes s'éternise, officiellement "appelé à d'autres fonctions", B. Bérézovskii était déstitué du Conseil de Sécurité le 5 novembre 1997. Affaire à suivre...

Il est loisible d'imaginer que ces bouleversements au sein du Kremlin n'ont pas surpris outre mesure les autorités occidentales. En effet, le 30 avril 1996, le Congrès américain s'était penché à huis clos sur la menace représentée par le crime organisé russe, en présence des patrons de la CIA et du FBI. Enfin conscients qu'il s'agit-là d'une branche qui pousse à une allure vertigineuse, les experts américains en déduisaient que tracer une ligne de démarcation entre crime organisé et État russe est devenu quasiment impossible. Sous de nombreux aspects, le pouvoir russe s'est désormais mué en une gigantesque "cleptocratie" uniquement axée sur un maximum de profits pour les hommes en place et leurs amis. A la lumière des faits, considérer qu'une économie ruinée et centralisée, ultra-planifiée, puisse se métamorphoser en économie de marché sous l'impulsion d'institutions démocratiques, devient une absurdité totale.

Et John Deich, le directeur de la CIA, de préciser clairement :

"Le crime organisé et la corruption représentent un danger croissant pour les réformes économiques et politiques en Russie. De nombreux représentants de l'élite se trouvent étroitement mêlés à des affaires douteuses ou illégales... Ces liens entre l'élite dirigeante et le monde criminel privent le gouvernement russe de toute possibilité d'instaurer la justice sociale, l'égalité des chances, la hausse du niveau de vie de la population".

Le haut fonctionnaire américain soulignait, en outre, que notamment “l’énergie, la métallurgie, la construction, le commerce, les transports, la production d’alcools, la vente d’automobiles” se révèlent — totalement ou partiellement — les secteurs économiques les plus criminalisés. De son côté, Louis Freeh, patron du FBI, complétait le tableau en mentionnant “l’inquiétante activité criminelle dans la sphère de spéculation financière, du système bancaire sans oublier les opérations illicites et frauduleuses impliquant les biens de l’État”. Sans oublier, enfin, “les contrats, les extorsions de fonds, le narcotrafic, la prostitution, le racket ainsi que l’infiltration des structures d’affaires légales”. Il précisait pour finir que le crime organisé russe exerçait déjà ses activités dans des dizaines d’autres pays et qu’aux Etats-Unis même, des centaines d’instruction impliquant “des racines russes” étaient en cours.

“Détenez-vous des informations sur les liens d’anciens ou d’actuels députés à la Douma et d’autres leaders politiques avec les cartels et clans criminels ?”, s’est enquis un membre du Congrès. John Deich a répondu par l’affirmative sans fournir les précisions tant attendues par l’assemblée.

“Êtes-vous certain que le président Eltsine utilise tout son pouvoir pour combattre la criminalité organisée en Russie ?” a-t-on encore demandé à Louis Freeh. Visiblement embarrassé, ce dernier finit par reconnaître :

“Tout le système — qu’il s’agisse des départements d’enquêtes, du Parquet, des cours de justice — s’avère totalement inefficace”.

Ces discussions ont mis en lumière une autre particularité du nouveau monde criminel russe : conséquence de la privatisation mafieuse, une bonne part des biens du pays est tombée entre de mauvaises mains. Toutefois, contrairement aux agissements de leurs prédécesseurs étrangers, les mafieux russes n'investissent pas encore dans l'économie nationale et ne se muent donc pas en chefs d'entreprises lavés de tout soupçon. En fait, "la privatisation criminelle n'a fait qu'ouvrir les écluses au travers desquelles s'écoulent hors du pays, de manière incontrôlable, ressources naturelles et finances russes" (70, 71).

En un mot, où qu'il se trouve, le mafieux russe reste avant tout un criminel.

Les déclarations d'autres experts américains ont corroboré ce pessimisme objectif :

"La corruption et la criminalité russes d'aujourd'hui représentent une nouvelle forme de totalitarisme; la privatisation des industries et des ressources s'effectue au bénéfice des castes criminelles; la majorité de l'élite dirigeante, qui prend les décisions économiques et politiques, est directement impliquée dans le business illégal et les malversations".

Un récent rapport de la Banque Mondiale va d'ailleurs dans le même sens : "L'informalisation" appauvrit l'État et encourage la fuite des capitaux. De par sa nature, elle engendre la corruption et porte atteinte à la crédibilité des institutions qui sont au

70. *Rabotchaya Tribuna*, 18 avril 1995.
71. *Izvestia*, 5 avril 1997.

service du marché et de l'Etat... Il s'agit essentiellement d'une économie de "siège" qui poursuit des objectifs à court terme, investit peu et pille l'Etat". Et qui, de surcroît, empêche toute construction d'un véritable Etat de droit.

Se rendant à l'évidence, les membres du Congrès se demandèrent jusqu'à quel point il était normal que les dirigeants des démocraties occidentales soient obligés de discuter d'égal à égal avec de tels personnages. Une autre question, purement rhétorique, trahit l'inquiétude générale :

"S'il est si difficile de séparer les criminels des représentants du pouvoir, ne devrait-on pas qualifier la Russie d'Etat criminel ?"

En guise réponse, le député Henry Heid cita l'article d'Arnaud de Bordegrave, principal conseiller du Centre de recherches stratégiques internationales de Washington, publié le 24 octobre 1995 dans le *Washington Times* : "Le crime transnational jette une ombre gigantesque sur le monde".

L'auteur y affirme :

"Ce que beaucoup, en Occident, ont d'abord interprété comme les débuts, en Russie, d'un capitalisme démocratique, représente à l'heure actuelle un Etat criminalisé de haut en bas... Quelque 30 % des députés de la Douma sont membres de clans du crime organisé".

L'auditoire américain apprenait, de la même source, que près de 40 % des 110 milliards de $, officiellement alloués à la Russie par différentes instances occidentales, sont demeurés à l'étranger sur des comptes numérotés appartenant à la nouvelle classe criminelle russe.

Une année après cette séance mémorable du Congrès américain, le quotidien russe *Komsomolskaya Pravda* constatait :

"Tous, nous nous sommes depuis longtemps habitués à l'idée que des millions, voire des milliards de $ disparaissent facilement dans les immensités de la Russie. Néanmoins, cette fois-ci, les Américains exigent un rapport financier.".

Il s'agit, dans ce cas précis, des 116,6 millions reçus de l'Occident, entre 1991 et 1994, par "Le Centre russe de privatisation" comme support technique à cette lourde tâche. Déjà, en 1994, la Douma avait demandé un rapport justifiant l'utilisation de cette somme. Anatoli Tchoubaïs, alors chargé de la privatisation des biens d'Etat, serait le mieux informé sur ce sujet. Mais, étant donné sa discrétion depuis son retour au gouvernement comme premier vice-Premier ministre, en mars 1997, il est probable que cet argent sera passé par profits et pertes à la fois par le Département général des Comptes des Etats-Unis et la Cour des Comptes russe.

Il va de soi que soupçonner Tchoubaïs de malversations diverses serait absurde, d'autant que, quitte à choquer l'opinion, il a honnêtement indiqué dans sa déclaration des revenus 96 le total de ses gains : 1714623000 roubles; revenus provenant essentiellement des 278000 $ perçus pour des "conférences et son travail de consultant" effectués de janvier à juillet 1996 avant sa nomination à la tête de l'administration présidentielle (72). Les journalistes russes ont fait le tour

72. *Izvestia,* 23 janvier 1997.

du monde en quête des institutions qui auraient rémunéré Tchoubaïs pour des conférences. Sans résultat.

Ce précédent a fait comprendre au contribuable russe qu'il s'agissait sans doute d'un coup de chance unique puisque, par comparaison, les revenus du Premier ministre sont nettement plus modestes. Ainsi, maladroitement dénoncé par la presse occidentale comme le possesseur d'une fortune d'environ 5 milliards de $, Viktor Tchernomyrdine s'est vu dans l'obligation de rendre publique sa dernière déclaration fiscale. En conséquence, sur les 46.387000 roubles gagnés en 1996, il a dû régler 9.956000 roubles au fisc (son traitement s'élevant à 4.040000 de roubles, soit environ 4000 FF) (73).

En fait, les nombreux hauts fonctionnaires du Kremlin disposent de multiples possibilités de s'enrichir sans effort. En voici l'illustration : une banale affaire réalisée dans la journée du 31 mars 1997 par trois amis : A. Tchoubaïs, redevenu premier vice-Premier ministre et ministre des Finances, A. Lébédev, président de la Banque des réserves nationales et A. Kostine, président de la *Vnéchékonombank* (chargée par l'Etat des transactions vers l'étranger). Après avoir été l'adjoint de Lébédev qui fut également son supérieur à l'ambassade soviétique à Londres, ce dernier se trouve à la tête de la banque depuis peu. Le 31 mars 97, l'Inde propose à la Russie de lui rembourser 60 millions de $ de dettes. Légalement,

73. *Komsomolskaya Pravda*, 5 avril 1997.

cet argent doit être mis aux enchères à la disposition des banques qui achètent des marchandises aux Hindous en roupies. Revendues ensuite en Russie, elles permettent des bénéfices considérables. Il reste au ministre des Finances à parapher les bordereaux des transactions. Pure formalité. Mais, à la stupéfaction générale, Tchoubaïs autorise l'acquisition de l'intégralité de la somme par la seule banque de Lébédev et ce, pour un montant inférieur à celui atteint lors des enchères. Le bénéfice net se monte à 6,5 millions de $ sans compter les profits à venir. Les mécontents n'avaient plus qu'à se plaindre directement au premier vice-Premier ministre. Faut-il rappeler qu'à l'échelle de la Russie, il s'agit d'une petite affaire ?

Autre brillante opération : le détournement de l'aide humanitaire internationale. On se souviendra, en effet, que vers la fin de l'ère Gorbatchev, à l'aube des années quatre-vingt-dix, dans un bel élan de générosité, les États occidentaux tout comme les citoyens avaient organisé pour la première fois une immense chaîne de solidarité pour permettre aux Soviétiques les plus démunis de passer l'hiver. D'abord humiliée, “la superpuissance qui avait vaincu le nazisme” finit par accepter l'aide humanitaire occidentale. Conséquence : ingénieusement détournés, 80 % au moins de ces envois gratuits furent vendus à prix d'or au marché noir soviétique. Mais un autre avantage frappa les mafieux : les articles et les produits alimentaires acheminés en URSS dans ce cadre humanitaire étaient exemptés des taxes et impôts divers. Bientôt, des organismes au-dessus de tout soupçon, du ministère de l'Intérieur au Patriarcat de

Moscou en passant par d'innombrables fondations ou associations caritatives, se voient officiellement attribuer par l'Etat le statut de "structures déléguées à l'aide humanitaire"(74).

Du coup, une marée d'alcools, de tabacs de mauvaise qualité, de tonnes de produits alimentaires à la date de péremption périmée, d'articles de consommation dont plus personne ne voulait ni en Occident ni même dans les États du Tiers-monde, submerge l'URSS puis, la CEI. Outre le fait que tout cela n'est pas taxé, de nombreuses organisations obtiennent des prêts gratuits à volonté afin de mieux fournir à la Russie "l'aide humanitaire indispensable". Inutile de préciser qu'on a perdu la trace de la quasi totalité de cet argent.

L'audit ordonné par la Cour des Comptes russe au début de 1997 révèle un gouffre sans fond sans parler du fait que beaucoup de ces associations humanitaires sont de simples boîtes à lettre sans existence juridique. De plus, un organisme relevant du Patriarcat de Moscou titulaire d'un monopole d'Etat dans ce secteur, se présente comme le receveur le plus important "d'aide technique et humanitaire". Outre les alcools d'importation commercialisés par l'Eglise orthodoxe, 42,8 % de ses fournitures sont composées de tabac. Reste le fait que, pour la seule année 96, le Trésor russe a perdu plus de 1 600 milliards de roubles : le montant des facilités accordées à "ces marchandises humanitaires".

74. *Argoumenty i Fakty*, n° 14, mars 1997.

Pendant ce temps, partagés entre révolte et impuissance, les Russes subissent un nouveau remaniement ministériel. Déjà, ils ne les comptent plus. En effet, depuis 1992, A. Tchoubaïs doit être le 7e ministre des Finances et Y. Ourinsson, le 6e patron de l'économie. Quant à V. Youmachev, il est déjà le 5e à prendre les rênes de l'administration présidentielle.

En effet, le 6 mars 97, le chef de l'Etat absent des affaires pour raisons de santé depuis sa réélection de juillet 1996, prononçait son discours annuel devant les deux chambres du Parlement. Il y dénonçait "les maux profonds" que connaît le Russie, annonçant "d'importants changements" au sein du pouvoir et du gouvernement. Ce discours, qui marque le retour du Président russe dans l'arène politique, a stigmatisé le chaos généralisé. "Le pays traverse une période extrêmement difficile" a-t-il reconnu d'entrée de jeu. "Ces problèmes sont avant tout économiques : nous avons su stopper la hausse des prix mais pas la baisse de la production et des investissements. La société perd toute confiance en ce pouvoir qui n'a pas su freiner la montée de la criminalité, la baisse du niveau de vie; les gens souffrent du non-paiement des arriérés de salaires, soldes, retraites et autres revenus." Pour finir, Eltsine s'en est pris une fois de plus aux privilégiés : "Le pouvoir s'engraisse. Je ne parle même pas des petits fonctionnaires mais des hauts dignitaires qui ne songent qu'à leur bien-être. Beaucoup trop aiment le luxe aux frais de l'Etat. Ayant créé un nouveau système politique, nous n'avons pas mis en place de nouveaux instruments de gestion et n'avons pas appris à gouverner autrement."

Enfin, reconnaissant que la lutte contre les déviations constituait une priorité et que la corruption se trouvait “à tous les niveaux”, le chef de l’Etat russe a souligné la nécessité urgente de réformer l’armée, le système fiscal et l’économie en général. Aveu tardif de l’échec de la thérapie de choc, lancée en janvier 1992 par le gouvernement Gaïdar dont les participants, à la moyenne d’âge très jeune avaient été baptisés les “ministres-kamikazés”. Ce programme de réforme tous azimuts, visant à remplacer le système de planification centralisée par les bases d’une économie de marché, entreprenait un maximum de réformes en un minimum de temps. Hélas, le coût social de cette politique s’est révélé exorbitant. Au début, le monde trouvait normal les tâtonnements de ce gouvernement, ses erreurs, sa navigation à vue dans le brouillard se fiant à des boussoles devenues folles. Une étude plus attentive donne à penser qu’il ne s’agit pas seulement du manque d’expérience.

En effet, au printemps 1997, la journaliste Natalia Jelnorova faisait remarquer que les incessants remaniements ministériels déstabilisent le pays sans résultat positif, contribuant seulement à embrouiller une situation déjà confuse. On finit par ne plus savoir qui porte la responsabilité des salaires impayés, d’une privatisation perverse, de la criminalité qui monte en flèche. D’autant qu’on ne reproche pas leurs échecs à ces ministres-caméléons qu’on se contente de déplacer de portefeuille en portefeuille. S’ils ont fait preuve d’incompétence, pourquoi ne pas les limoger? Et s’ils sont impliqués dans des affaires douteuses, pourquoi ne pas les mettre en examen? Quoi qu’il en soit, conclut la journaliste, cela leur permet de fuir leurs responsabilités en s'abritant derrière de bonnes excuses du genre : "Je n'en sais rien; je n'étais pas *encore* ministre" ou bien "A l'époque, je n'étais *déjà plus* en fonction".

A ce propos, il faut garder en mémoire que tout clan ou groupuscule criminel bénéficie toujours d'un parapluie de protection qui le met hors d'atteinte de la justice. Aujourd'hui, le contribuable russe désigne d'un air malin la célèbre affiche électorale de "Russie, notre Maison",(le mouvement pro-gouvernemental fondé par Viktor Tchernomyrdine) où les mains du Premier ministre forment comme... un toit. Et de commenter : "En *krycha,* ils s'y connaissent bien, tous autant qu'ils sont !"

Qu'on le nomme "toit" ou "parapluie", une chose paraît claire : nul ne peut protéger le sommet du pouvoir car il n'y a personne au-dessus de lui. Et si, en définitive, cette méthode "des pots changés sans être cassés" ne visait qu'à créer un infaillible système d'auto-défense? Pour beaucoup de Russes, il ne s'agit plus d'une hypothèse.

Le 10 avril 1997, le Président Eltsine déclarait à la radio une guerre sans merci à la corruption, promettant "de mettre un terme à tout ce vice, à ces pratiques pernicieuses où la fonction devient source de profit". Il concluait avec sincérité : "Je sais, vous nourrissez des doutes quant à notre victoire sur la corruption... Mais je mènerai ce dur combat jusqu'à son terme. Voler et toucher des pots-de-vin va devenir une pratique terrifiante !"(75)

---

75. *Moskovskii Komsomolets,* 11 avril 1997.

Superbe envolée. Pourtant, comment ne pas évoquer qu'en 1993, s'installant à la présidence de la Commission de lutte contre la corruption nouvellement créée, Boris Eltsine avait solennellement déclaré :

"Je promets d'informer la population chaque semaine de notre action et des résultats obtenus depuis la fois dernière." Eltsine a raison sur un point : déjà déçus tant de fois, les Russes tentent de survivre sans état d'âme et sans croire aux belles paroles. La seule question qu'ils se posent encore concerne le Président : "Eltsine est-il otage ou complice de la mafia?"

2. Milice et mafias

A l'été 95, à peine nommé à la tête du MVD, Anatoli Koulikov se faisait racketer par des policiers de la route qui n'avaient jamais vu leur nouveau ministre. Que dire alors du citoyen lambda qui redoute la violence des forces de police? Il suffit d'écouter Andreï Babouchkine, président de l'Association de surveillance des établissements pénitentiaires, pour s'en convaincre.

"La criminalité de la milice est devenue un problème national, affirme-t-il. Annuellement, nous déposons des centaines de plaintes auprès du Parquet pour recevoir toujours la même réponse : "A l'examen de votre plainte, il apparaît qu'aucun délit commis par des miliciens n'a été constaté."

Ancien détenu politique, membre du Comité des réformes judiciaires auprès du Président de la Russie, Valéri Abramkine analyse quant à lui cette évolution de la manière suivante :

“Aussi paradoxal que cela paraisse, sous le régime soviétique les forces de l’ordre étaient moins criminalisées qu’aujourd’hui. Même à l’époque des “communistes tremblants” de 1988-1991, on respectait davantage les droits de l’homme. Depuis lors, rassurées, les nouvelles autorités ont largement dépassé les exactions de leurs prédécesseurs ” (76).

Si l’on se fie aux études du MVD, en 1993, 4300 miliciens sont passés en jugement, dont 500 au moins pour complicité avec des mafieux. De plus, au cours des neuf premiers mois de 1996, 7200 représentants de l’ordre ont déjà été limogés, dont 600 seulement eurent à rendre des comptes à la justice (77). Toutefois, ces données étant basées sur les statistiques officielles, les chiffres cités minimisent de beaucoup la réalité. En fait, les citoyens agressés dans la rue ou à leur domicile ne déposent souvent pas plainte, redoutant les représailles des miliciens puisque ces criminels en uniforme sévissent en toute tranquillité. Tels ceux d’Oulianovsk qui, informés d’un vol d’ordinateurs, contactèrent les malfrats et, se disant hommes de main d’une bande rivale, exigèrent qu’on leur rende le butin. Il ne leur restait plus qu’à vendre les “pièces à conviction” et à se partager l’argent. Cette brillante opération fut menée sous la direction du chef-adjoint de la brigade des Stups (78).

---

76. *Izvestia,* 1er septembre 1995.
77. *Moskovskii Komsomolets,* 8 octobre 1996.
78. *Izvestia,* 10 août 1996.

Autre exemple : le clan des miliciens d'Oufa (capitale de la Bachkirie) — fort de 23 hommes et baptisé *Les Scorpions* — qui confisquait des camions de marchandises après en avoir liquidé chauffeurs ou convoyeurs. Il sévit pendant des années avant que l'on n'emprisonne enfin ses membres. Pas étonnant donc si la langue russe vient de s'enrichir d'un néologisme supplémentaire : *business-ment* ou "flics d'affaires" (en argot, *ment* signifiant flic).

Détail anecdotique : alors que, dans un passé récent, cette méthode était usuelle, désormais les gangsters ne se déguisent plus en miliciens pour mieux opérer. Inutile, puisque les Russes craignent davantage les représentants de l'ordre que les racketteurs en civil.

"Une armée de bourreaux, de tortionnaires est déjà constituée, s'inquiète le conseiller Abramkine. Ces cadres sont prêts à jouer ce rôle, aussi bien du point de vue professionnel que psychique... Les crimes des miliciens à l'encontre des citoyens (passages à tabac, tortures et toutes les illégalités qu'ils commettent envers les interpellés) peuvent être qualifiés de délits bafouant les droits de l'homme."

Avant de conclure : "Ces signes avant-coureurs témoignent de l'évolution de notre société vers deux variantes possibles : une victoire incontestée du totalitarisme ou une explosion sociale qui, dans les conditions actuelles de la Russie, peuvent déboucher sur une catastrophe mondiale !"

A ce propos, impossible de passer sous silence les exactions du MVD en Tchétchénie où les miliciens se sont trop souvent comportés en tortionnaires et en bourreaux. De nombreux témoins, civils et militaires, affirment que les unités spéciales de l'Intérieur, les redoutables OMON, furent les auteurs de la plupart des viols et des pillages commis à Groznyï et ailleurs.

La presse, témoin gênant d'une milice criminalisée, paye également un lourd tribut.

"Au cours de l'été 95, à Volgograd, on enterrait un journaliste. L'acte de décès stipulait qu'il était tombé de sa chaise au commissariat, mais l'autopsie a révélé que le jeune reporter avait eu "le crâne brisé d'un coup de matraque." Passé à tabac, un autre citoyen de la ville mourait sans reprendre connaissance. Un troisième homme, sauvagement torturé, s'est retrouvé invalide à vie. Enfin, devant des locataires de son immeuble, un chef de secteur assommait des enfants à coups de pieds. Motif : ils s'étaient disputés avec son fils... (79)

Hélas, l'exemple de Volgograd ne constitue pas l'exception, mais plutôt la règle. A la même époque, à Saransk (en Mordovie, dans l'Oural), Oleg Igonine, 19 ans, décédait au commissariat (80). Prétextant un magasin dévalisé en ville, deux miliciens l'avaient tiré du lit à deux heures du matin. Sa famille au complet jura que l'adolescent n'avait pas quitté la maison ce soir-là. En pure perte. Une heure plus tard, les policiers appelaient le SAMU de la ville : "victime d'une crise cardiaque", le jeune Oleg agonisait. En réalité, l'autopsie allait prouver qu'il avait été étouffé.

---

79. Lesnik R. et Blanc H., *L'Empire de toutes les mafias*, Paris, Presses de la Cité, p. 345.
80. *Komsomolskaya Pravda*, 7 septembre 1995.

En effet, les commissariats de Mordovie ont inventé une torture raffinée ; on place un masque à gaz sur le visage de la personne interrogée puis, brusquement, on coupe l'arrivée d'air. Inutile de préciser que, pour survivre, celle-ci est prête à s'accuser de n'importe quoi. Sûr de son innocence, Oleg avait dû s'obstiner...

La violence, l'illégalité totale ne constituent pas les seules caractéristiques de la milice russe. Autre secteur où sévit cette crapule en uniforme : les pots-de-vin. Dans ce cas, la hiérarchie est respectée puisque chacun touche en fonction de son grade. Et la police de la route, qui rançonne les automobilistes, aidée des agents de la circulation, s'en prend même aux piétons. Quantité de miliciens servent aussi d'indics aux mafias, les prévenant des perquisitions et des interpellations prévues. Pour l'heure, plus le grade est important, mieux vont les affaires et, la plupart du temps, en échange d'une juteuse commission, ces policiers véreux sont couverts par leur hiérarchie.

La liste des exemples serait interminable. Évidemment, tous les miliciens russes ne sont pas des pourris. Il faut donc se garder d'oublier les éléments honnêtes, horrifiés par les pratiques de leurs congénères, qui payent très cher leur intégrité.

Ainsi, en novembre 1995, le général Nikolaï Ivanov, commandant militaire de la région de Lipetsk, se donnait la mort dans son bureau car il ne supportait plus la corruption de ses subalternes (81).

81. *Izvestia,* 9 novembre 1995.

Ceux-ci, en échange de juteux pots-de-vin (11 millions de roubles, assortis d'un festin princier), avaient dispensé de service militaire une bonne centaine d'appelés.

Dans ces conditions hallucinantes, le fait qu'une impressionnante force parallèle au MVD se soit formée dans le secteur privé n'a rien d'étonnant. Les hommes d'affaires sont convaincus que les effectifs des sociétés de surveillance et d'agences de détectives dépassent largement le million d'hommes (43417 seulement selon les statistiques de l'Intérieur) (82). Il n'est pas exclu qu'officiellement, leurs employeurs les aient affectés à d'autres fonctions. Ces auxiliaires viennent en majorité de l'ex-KGB par suite d'une réduction de 50 % des cadres et ce, rien qu'à Moscou (83). Si l'on passe en revue les hommes de ces nouvelles entreprises de "protection", on constate qu'un sur deux est un ancien des services secrets et un sur quatre, du MVD; le dernier quart venant du GRU et de l'armée.

Preuve supplémentaire, s'il en fallait, du fait que ce phénomène se renforce chaque jour en Russie: la conférence du 11 mars 1997, donnée par le Ministère de l'Intérieur, qui rend publics d'autres chiffres. Officiellement, 110000 hommes armés travailleraient dans le cadre d'environ 10 000 officines privées. Malgré ces effectifs imposants, une liste d'attente clandestine serait constituée: celle des nouveaux riches demandeurs de gardes du corps entraînés à "l'école du Kremlin"(84).

---

82. *Moskovskié Novosti*, 29 octobre au 5 novembre 1995.
83. *Sotsiologuitcheskié Isslédovania*, n° 8, août 1995.
84. *Izvestia*, 12 mars 1997.

Quoi de plus prestigieux, en effet, que d'être gardé par des hommes spécialement formés à la protection du Président !

Mais les équipes de surveillance les plus importantes travaillent surtout pour les grandes banques. Ainsi, l'ex-vice-ministre de l'Intérieur de l'URSS, Vitali Sidorov, s'est recyclé comme directeur de la sécurité à l'Association des banques russes ; l'ancien chef de l'OBKhSS (Direction de lutte contre le crime économique) de Moscou, Mikhaïl Chestopalov, lui, est responsable de la protection de *Menatep*. Patron de l'unité antiterroriste *Alpha* du KGB dans le passé, Vladimir Zaïtsev supervise à présent la sécurité de la banque *Stolitchyï*. Quant à son homologue de l'*Inkombank*, Mikhaïl Gorbounov, il a été haut fonctionnaire du GRU.

Malgré tout, chaque année, des centaines de policiers, qui tentent encore d'exercer leur métier honnêtement, sont tués en accomplissant leur devoir (444 morts en 1993, 255 de janvier à septembre 1996 auxquels s'ajoutent 513 blessés). Jamais condamnés à mort, leurs assassins, eux, prennent de 5 à 7 ans de prison, 10 au maximum, à condition bien sûr qu'on les arrête (85).

Manifestement, il n'est guère aisé de rester honnête aujourd'hui, si l'on fait partie des forces de l'ordre russes. L'exemple suivant mérite d'autant plus que l'on s'y attarde. En 1995, le service numéro 2 du Département de lutte contre les fraudes économiques

---

85. *Rossiïskaya Gazeta*, 13 juillet 1995.

de Saint-Petersbourg rassemble des preuves contre une bonne douzaine de hauts fonctionnaires de la Mairie, compromis dans des affaires douteuses, le Maire Anatoli Sobtchak en tête. Leur domaine de prédilection : s'approprier des appartements de luxe en échange de services rendus aux nouvelles structures privées qui, elles, prennent possession d'immeubles entiers. Ainsi, ce cas découvert en 1992, qui prend des allures anecdotiques. La société *Renaissance,* administrée par Anna Evglevskaya, offre à l'un de ses cadres, une certaine Koutina débarquée de Tachkent (capitale de l'Ouzbékistan), un superbe studio en toute propriété. Transaction qu'elle aurait dû normalement régler sur son salaire de femme de ménage. Mais il va de soi que cette jeune employée n'a jamais essuyé le moindre grain de poussière à la *Renaissance* puisqu'il s'agit, en réalité, de la nièce de Sobtchak. En échange de ce petit service, l'ingénieuse gérante deviendra propriétaire d'un immeuble vidé *illico presto* de l'école qui occupait les lieux et de ses 360 enfants. Malgré l'opposition des services sanitaires et des pompiers, le Maire ira même jusqu'à autoriser la transformation de la piscine scolaire en parking souterrain. Dans ce cas, que pouvait-on bien monnayer en échange des palais ou des hôtels particuliers des grandes familles de la noblesse russe ? La question reste posée...

Il va de soi que les policiers ont peu de chances de voir un jour ces fonctionnaires corrompus passer au tribunal. Sobtchak promet d'ores et déjà d'attaquer en diffamation tout journaliste qui oserait s'immiscer dans ses affaires privées. Au printemps 1997, sans doute occupé par d'autres affaires d'Etat, Boris Eltsine a manqué un rendez-vous avec l'ancien Maire.

La situation de ces incorruptibles de Saint-Petersbourg semble plus inconfortable encore lorsqu'on sait que certains de leurs homologues (appartenant à des services similaires) trempent, eux aussi, dans des affaires de corruption. Ainsi, en 1995, le parquet ouvrait-il 32 instructions à l'encontre de policiers qui faisaient fortune en revendant des marchandises saisies — à tort ou à raison —, allant de stocks d'alcool ou de tabac à un millier de tonnes de nickel.

Arriva le tour du procureur de Saint-Petersbourg, V. Eremenko, convaincu de fraudes immobilières. Va-t-il s'en sortir ? A l'instar du juge F. Kholodov, pourtant pris en flagrant délit de pot-de-vin : ce magistrat s'était en effet engagé à libérer un accusé en échange de 100000 $ (86).

De par sa fonction même, le patron des services secrets de la ville aurait dû demeurer incorruptible. Mais le général Tcherkessov, lui non plus, n'a pas résisté à la tentation d'un appartement de 25O m2 donnant sur la célèbre perspective Nevskiï.

Lorsque la situation l'exige, on attend que l'autorité supérieure prenne la décision. Et Anatoli Koulikov, ministre de l'Intérieur, personnifie l'instance chargée de combattre le crime organisé ainsi que la fraude économique. Il devient même vice-Premier-ministre. Pourtant, voici que ses subalternes de Saint-Petersbourg se trouvent confrontés à un phénomène

---

86. *Izvestia*, 2 avril 1997.

inexplicable. Koulikov fait le ménage à Saint-Petersbourg; mais loin de limoger ou de déplacer les policiers corrompus, ce sont les professionnels honnêtes qui font les frais de l'opération. Chose curieuse, à leur place, on nomme des retraités, uniquement choisis pour leur fidélité au Ministre (87).

Affecté, en 1997, au rôle ingrat de faire rentrer les impôts dans les caisses de l'Etat, on se souviendra qu'à l'été 1996, l'hilarité était déjà à son comble parmi les miliciens moscovites : en effet, leur ministre venait de déclarer une guerre sans merci à la prostitution, cette industrie florissante qui exploite femmes, hommes et même enfants. A croire que, débarqué d'une autre planète, Koulikov ignorait totalement la cruelle réalité. En fait, lorsque les représentants de l'ordre ne jouent pas eux-mêmes les proxénètes, ils leur assurent une indéfectible protection (service rétribué très cher); ce qui leur permet bien sûr de bénéficier gratuitement de la compagnie des prostituées à toute heure du jour ou de la nuit.

En fait, il ne s'agissait que du énième épisode d'un feuilleton interminable.

87. *Izvestia,* 15 décembre 1996.

3. Justice et mafias

Cela dit, accuser de laxisme l'ensemble des effectifs de l'Intérieur russe serait simpliste et inexact. Car on sait que même lorsque ceux-ci ont bien fait leur travail, les accusés payent de plus en plus rarement pour leurs crimes. En effet, si la milice est corrompue, l'appareil judiciaire s'avère tout aussi gangrèné.

Comme en témoigne l'inspection nationale de 1994, effectuée par le ministère de l'Intérieur. Les conclusions en furent extrêmement inquiétantes : dans presque toutes les régions de la Russie, des juges libéraient les parrains avant leur procès (88). Dans quel but? Ne serait-ce pas pour mieux les laisser "convaincre" victimes et témoins de ne pas porter plainte ou de la retirer, et surtout, de ne pas venir témoigner?

Telman Gdlyan, le célèbre magistrat qui s'est attaqué aux mafias dès les années quatre-vingt, condamne clairement la justice russe :

"L'activité des forces de l'ordre s'est brutalement ralentie. Elles sont en train de se corrompre à la vitesse des bureaucrates. A l'heure actuelle, seul un naïf ignore qu'on "donne" à la Cour, qu'on doit graisser la patte aux miliciens et aux procureurs... L'ancienne nomenklatura a vite occupé les postes clés et, sous prétexte de privatisation, se répartit goulûment ce que l'on appelait la "propriété du peuple". Pensez-vous que tous ces gens ont intérêt à ce que la justice fasse son travail? Et que les enquêteurs ne s'en rendent pas compte?" (89).

88. *Litératournaya Gazeta*, 3 août 1994.
89. *Troud*, 15 avril 1995.

Autre énormité flagrante : un accusé peut mentir et modifier indéfiniment sa déposition. Assisté d'un juriste habile, bien informé du dossier, il a toutes les chances de s'en sortir blanchi par un non-lieu. En revanche, plaignants et témoins sont responsables de chaque mot prononcé. Surpris à mentir, ils peuvent même à leur tour, se voir jugés pour faux témoignage.

L'assistance de ces "avocats en or" coûte d'autant plus cher que, connaissant bien la magistrature, ils parviennent toujours à trouver un terrain d'entente. Souvent, on se perd en conjectures pour déterminer les raisons d'une libération sous caution. Le juge a-t-il été acheté? L'a-t-on menacé ou fait chanter? A l'évidence, l'indulgence de l'autorité judiciaire pour les parrains est rarement gratuite.

Fait inquiétant : le 13 juin 1996, la Cour constitutionnelle de Russie adoptait une résolution réduisant la durée des instructions à 18 mois. Et ce, quelle que soit l'importance de l'affaire (90).

Conformément à cette nouvelle législation — dans l'hypothèse où elle serait tôt ou tard votée par la Douma — tous les criminels (parrains, hommes de main, assassins et violeurs) en détention préventive pourraient être libérés sans jugement dans les prochains mois, si l'instruction de leur affaire a dépassé 18 mois. Habilement conseillés, se voyant déjà innocentés, bien des parrains ont tué le temps en prenant connaissance de leur dossier pour la millième fois. Grâce aux dysfonctionnements du système et à une corruption généralisée, l'avenir leur appartient.

---

90. *Izvestia,* 12 octobre 1996.

Autre caractéristique : des données récentes prouvent l'existence de systèmes parallèles qui agissent beaucoup plus efficacement que l'appareil judiciaire. Peu à peu, les clans mafieux se substituent insidieusement à la justice officielle : les justiciables y gagnent car la sentence, rendue vite et bien, n'exige plus des montagnes de paperasseries inutiles. Faisant également leur propre police, les mafias s'affirment de plus en plus comme un élément de régulation de la vie sociale russe.

Dernière constatation : à l'image de l'exécutif, l'appareil législatif est gangréné aussi bien dans les régions qu'à Moscou. On sait en effet qu'aux législatives de 1993 et de 1995, quantité de parlementaires se sont fait élire grâce aux capitaux mafieux qui ont financé leur campagne électorale. L'investissement semble particulièrement fructueux puisqu'il permet de faire voter des lois favorisant les activités mafieuses tout en bénéficiant de l'immunité parlementaire. Dans ce contexte, il n'est pas étonnant que magistrats et représentants de l'ordre ne disposent toujours pas de l'arsenal de lois leur permettant de combattre ce fléau efficacement. Enfin, nombre d'anciens du KGB, liés aux mafias, deviennent également des élus. Et, semble-t-il, cette pratique risque de constituer bientôt la règle.

Aux dernières nouvelles, conscients de leur image déplorable dans l'opinion russe, nombre de parrains semblent déterminés à "s'acheter une conduite". Beaucoup vont à l'église, font des dons aux œuvres caritatives, restaurent les cathédrales, subventionnent les hôpitaux... En définitive, ils cherchent démonstrativement à se donner l'apparence de citoyens respectables.

Sachant tout cela, force est d'établir un diagnostic sans complaisance : la Russie de la fin du XXe siècle est gravement malade de ses mafias, gangrenée jusqu'à la moelle par un excès de misère et de richesse. Voilà sans doute pourquoi, dans ce pays en transition chaotique capable du pire comme du meilleur, la prise de position de Vladimir Jirinovski, sulfureux chef de file d'une fraction de la Douma, n'a pas réellement choqué les Russes. En outre, ce sont les *Izvestia* — le plus objectif et le plus sérieux des quotidiens russes — qui lui ont offert une tribune (91). Qu'on le veuille ou pas, sa prise de position interpelle.

Le leader du parti Libéral démocrate (92) constate en substance que, menacée de désintégration tout comme l'URSS de Gorbatchev, la Russie est en danger. Selon lui, seul un radical changement de gestion pourrait encore la préserver de ce destin. En effet, si l'URSS était cimentée par une centralisation rigide, la Russie, elle, n'évitera l'éclatement qu'en instaurant *un vrai partenariat.* D'une part vertical, de Moscou vers les régions, de l'autre, horizontal, directement entre "sujets" de la Fédération. Il termine en annonçant ouvertement la couleur : *toutes les institutions de l'Etat russe devraient désormais fonctionner selon les règles de la mafia !*

---

91. *Izvestia*, 10 août 1996.
92. Créé sur ordre de Gorbatchev en mars 1991, le parti Libéral-démocrate représentait une alternative au PCUS jusque-là détenteur du monopole politique en URSS. Le KGB l'aurait financé, lui octroyant initialement 3 millions de roubles et plaçant Vladimir Jirinovski à sa tête.

Le mode d'emploi paraît simple. Par exemple, les gouverneurs disposent d'énormes moyens financiers, d'un réseau relationnel et s'appuient sur une légitimité issue des urnes. En conséquence, leur donner des ordres serait déplacé. Le Président ferait mieux de les convoquer régulièrement afin d'élaborer avec eux des principes étatiques communs. Certes, ces protocoles seraient sans valeur juridique mais, interroge Jirinovski, les accords entre clans mafieux ont-ils quelque légitimité que ce soit ? Et pourtant, ils sont honorés à la lettre car ces hommes appliquent un principe élémentaire : *le respect de la parole donnée*.

En définitive, conclut Jirinovski, le Président devrait mettre sur pied un "clan du Kremlin" appliquant les règles mafieuses. Ainsi, chacun serait responsable à la fois de sa parole et des crédits qu'il manipule. "Si tu as volé de l'argent dans l'*obchtchak* (la caisse commune du milieu), en un mot, si tu as dilapidé les finances de l'Etat, tu en répondras sur ta vie. Si tu as "donné" tes complices, tu devras rendre des comptes. Et au cas où le parrain des parrains (le Président) trahirait ses hommes, il devra payer lui aussi." Suggestion qui se passe de commentaires.

Chapitre VIII

L'INTERNATIONALE DES MAFIAS

Certes, imaginer une Russie européenne, plus occidentalisée et libérée des mafias qui constituent sa réalité quotidienne, est bien difficile aujourd'hui. Pourtant, fait nouveau, un optimisme relatif quant au devenir économique de la Russie semble désormais permis. Et ce, pour plusieurs raisons.

D'abord, au cours des dix prochaines années, "l'effet maffias" finira probablement par se trouver amoindri dans sa partie visible. Ainsi, les capitaux mafieux — plus ou moins blanchis — pourraient s'amalgamer peu à peu à l'économie officielle, se diluant dans une avancée économique qui s'effectue de manière exponentielle. Cela devrait inciter les parrains-milliardaires à investir en Russie tout en s'identifiant à la longue à un Kennedy ou un Rockefeller russe à la fortune légalisée. Processus qui hâtera sans doute l'essor économique, catalysant du même coup la reconstruction sociale. Sur le terrain, on observe déjà l'accélération du tout-économique. Enfin due en grande partie aux pressions et aux partenariats internationaux, une normalisation devrait en résulter, assainissant le monde des affaires et favorisant bon nombre de coopérations. Désormais, si le miracle russe se profile peut-être à l'horizon, le reste du monde paraît plutôt mal parti.

Et pourtant, à l'aube des années quatre-vingt-dix, des magistrats intègres et lucides multipliaient les mises en garde en direction de l'Occident.

Parmi eux, l'incorruptible Telman Gdlyan, l'un des pionniers de la lutte anti-mafia :

"Ce n'est plus le spectre du communisme qui hante l'Europe, mais l'ombre de la mafia de l'ex-Union soviétique. Prenez garde, ces gens-là sont beaucoup plus dangereux que vos criminels. En Europe occidentale, des règles du jeu se sont établies au fil des siècles, y compris dans le monde criminel. Chez nous, il n'existe aucune règle !"

Plus inquiétant encore, le cri d'alarme d'août 1994 lancé par Boris Ouvarov, juge aux affaires importantes du parquet général de la Russie :

"A présent que le rideau de fer est tombé, le monde entier est menacé. Les criminels russes se trouvent déjà aussi bien en Amérique qu'en Europe. Ils vont tout piller, occuper l'Occident et personne n'a les moyens de les arrêter. Populations de l'Ouest, vous ignorez encore ce qu'est notre mafia. Bientôt, vous l'apprendrez à vos dépens..."

De fait, les mafias russes s'implantent irrésistiblement au cœur du monde. A peine le Mur de Berlin était-il tombé que la première vague de ces criminels des temps modernes, dont la richesse ne suscite que l'incrédulité, déferlait sur l'Europe de l'Ouest. A l'époque, les pays occidentaux commençaient déjà à se familiariser avec la clientèle massive des ex-républiques soviétiques ou des anciens pays de l'Est. D'ailleurs, il semblait naturel qu'après tant d'années d'interdiction de franchir le rideau de fer, les Soviétiques se rattrapent. Redoutant d'abord une marée d'immigration, les gouvernements de l'Union Européenne et des Etats-Unis ont vite été rassurés : les demandeurs d'asile politique étaient en diminution. Et si ces *nouveaux Russes* déposaient en banque des sommes astronomiques ou s'offraient cash châteaux en Espagne, luxueuses propriétés sur la Côte d'Azur ou hôtels particuliers de l'avenue Foch, quel mal y avait-il ? D'ailleurs, la nomenklatura soviétique a toujours été coutumière du fait, à la différence près qu'elle agissait en secret. Mais les temps étaient autres, les mœurs aussi. Alors qu'importait l'origine de la fortune de ces milliardaires venus du froid pour jeter des millions de dollars par les fenêtres des palaces de la planète ?

Et pourtant, dès 1993, Boris Fédorov, ancien ministre des Finances de la Russie, estimait au bas mot à 180 milliards de dollars les avoirs russes en Occident provenant exclusivement du trafic de pétrole. Mais qui pourra jamais chiffrer les richesses, — matières premières (métaux rares, bois, fourrures, caviar, pierres précieuses) et stratégiques — sorties en fraude du pays ? Car les experts russes affirment que, chaque mois, approximativement 2,5 milliards de dollars sont régulièrement déposés sur les comptes mafieux disséminés dans le monde.

Par exemple, selon un rapport confidentiel des Renseignements Généraux de mars 1996, plus de 10 milliards de dollars (près de 55 milliards de francs) provenant des Républiques de l'ex-URSS sont officiellement entrés en France en 1994. Mais il ne s'agit-là que des transferts légaux détectés par la Banque de France, car nul ne connaît le montant des capitaux mafieux introduits de manière illicite.

Toutefois, les avoirs russes et autres en France ne sont en rien comparables à ceux des paradis fiscaux. Ainsi, fin 1995, Joseph Detling, procureur du canton suisse de Schwyz, démissionnait en accusant les autorités fédérales de ne pas aider Carla del Ponte, procureur général de la Confédération Helvétique, à détruire les ramifications financières des mafias italienne et russe. Celui qui avait déjà démantelé plusieurs réseaux mafieux, affirmait en effet, qu'en 1995, 26 milliards de dollars venus de Russie auraient été écoulés dans les seules banques suisses. Périodiquement, trois fois par semaine, des appareils de l'Aéroflot atterrissent à Genève et à Zurich avec, à bord, des affairistes transportant des valises bourrées de billets verts. Et pour déjouer la surveillance des caméras électroniques, tous se cachent soigneusement le visage derrière leurs mallettes.

Cependant, tandis que banquiers et hommes d'affaires occidentaux se réjouissent et que, stupéfaits, les serveurs de restaurants reçoivent comme pourboire des centaines (voire, des milliers) de dollars, sur tous les continents, polices et services secrets voient les cadavres s'amonceler dans le sillage des parrains russes. Aux Etats-Unis et en Israël, en Allemagne et aux Pays-Bas, en Hongrie et en République Tchèque, en passant par l'Italie et la Turquie, les criminologues s'avouent bouleversés de la cruauté, l'ingéniosité et l'efficacité sans précédent de ces criminels d'un genre nouveau.

Tel est le cas de Mikhail Brandwain, rebaptisé Rachmiel dès son arrivée en Israël à l'âge de huit ans. Interviewé par *Newsweek* (93), à l'automne 95, celui-ci se fait passer pour "une victime de la mafia russe", qui serait sur ses traces pour le liquider. Or, en cinq ans, Interpol a déjà recensé une bonne centaine d'assassinats liés au dossier du FBI sur "l'Organisation Brandwain", considérée comme "l'une des neuf redoutables mafias opérant hors de Russie". Si les "5700 groupes criminels" de l'ex-URSS (7 fois plus qu'en 1991) dénombrés par les Américains laissent sceptique, ceux-ci affirment avoir déjà identifié "cinq grandes communautés du crime, réparties en 220 clans, opérant dans 17 grandes villes américaines". A New York, bien sûr, mais également à Los Angeles, San Francisco, Seattle, Phoenix, Chicago, Cleveland, Minneapolis, Milwaukee, Dallas, Miami, Wilmington, Baltimore, Philadelphie, Boston, Providence. L'article de *Newsweek* conclut que, dans l'ensemble, les forces américaines et européennes, pas assez nombreuses, manquent aussi de détermination. De plus, confrontées à une menace mal estimée, incapables de prouver des actions criminelles avérées, elles se trouvent en définitive obligées d'en relâcher les exécutants, devenus experts en business transnational...

A l'été 94, conscientes du danger, les autorités américaines décidaient la création d'un Département spécial de lutte contre la mafia russe. Mais trouver six

93. *Newsweek*, 2 octobre 1995.

cents experts de la question, parlant couramment le russe, ne fut pas une mince affaire. Reste à espérer que ce nouveau service ne sera pas infiltré comme le sont déjà de nombreuses administrations à travers le monde. Sous-estimer le machiavélisme de ces mafias, à la sauvagerie, à la détermination sans limites, constituerait à l'évidence une erreur tragique.

La même année, le quotidien belge *Le Soir* publiait une carte géographique de cette "nouvelle Internationale" pointant d'un sigle particulier (revolver noir sur étoile rouge) les principales villes où, d'après Europol, les parrains de l'ex-URSS étaient déjà solidement implantés. Londres, Paris, Anvers, Berlin, Francfort, Vienne, Zurich, Prague et Varsovie y figuraient déjà. Non exhaustive, cette liste peut désormais être complétée par Budapest, Sofia, Bucarest, des villes de l'ex-Yougoslavie, d'Espagne, du Portugal, d'Italie, de Grèce, la quasi-totalité de Chypre, la Côte d'Azur française et Monaco. Pour se limiter à l'Europe.

D'ailleurs, au printemps 1996, la Russie communiquait à Interpol les noms des 400 plus dangereux criminels de l'ex-URSS accompagnés de photos et d'empreintes digitales. Ces informations figurent déjà dans le fichier informatique de l'Etat-major d'Interpol, à Lyon (94). Sans doute s'agit-il de ces parrains et hommes de main qui, fortune faite et installés à l'étranger, tentent d'échapper aux services

94. *Izvestia,* 27 mars 1996.

secrets russes, habiles gestionnaires de cette colonisation économique du monde. (La vengeance pourrait partiellement expliquer ces renseignements tardifs). Certains parrains paraissent en effet décidés à poursuivre leurs activités en francs-tireurs, sans aucun contrôle. D'autres, tel un certain Alexandre Tchilikov, semblent bien décidés à refuser un jour le partage des bénéfices. Son cas met en évidence le mécanisme catalyseur de la fuite des capitaux russes vers l'étranger.

En 1993, ce petit délinquant provincial monte à Moscou pour "réussir". Bientôt, on le retrouve dans l'entourage d'Oleg Soskovets, alors premier vice-Premier ministre. Muni de documents officiels, il se fait des relations au plus haut niveau, ce qui lui permet de développer des activités hyper-lucratives. Par exemple, du jour au lendemain, le géant *Gazprom* et le consortium *Mosenergo* le chargent du recouvrement de leurs créances. Or, quantité d'entreprises russes ne règlent pas leurs factures de gaz et d'électricité car elles n'en ont plus les moyens. Pour Tchilikov, ce manque de liquidités ne constitue pas un problème : faute d'argent, elles n'ont qu'à payer leurs dettes en matières premières ou produits consommables (métaux, voitures, etc.) Dans la seule ville de Riazan, une société lui appartenant parvient à vendre plus de 10000 véhicules en un laps de temps record. Or, ses employeurs, *Gazprom* et *Mosenergo,* n'encaissant que des montants minimes de ces ventes, ne rentrent pas dans leur argent pour autant. Chose normale puisque l'essentiel de ces revenus est détourné par une mafia de Riazan et un clan moscovite de Caucasiens. Le siège du gouvernement n'est pas en reste : lui aussi semble généreusement arrosé (en 1996, lors de son arrestation, on trouvera chez Tchilikov environ 2000 cartes de visite de hauts fonctionnaires et de l'élite financière, commerciale et industrielle de la Russie).

En 1994, ce même Tchilikov devient membre du Conseil à l'industrie et aux entreprises, organe gouvernemental créé à l'initiative du Premier ministre Viktor Tchernomyrdine. Dès lors, il ne se déplace plus qu'en avion Tu-154, escorté de la petite-fille de Khrouchtchev qui lui sert d'interprète. Exempté de taxes et de déclarations douanières dans tous les aéroports du monde, son avion a le droit d'y atterrir en priorité. Et ses comptes bancaires de Singapour, d'Indonésie ou du Koweit font apparaître des avoirs incroyables.

Ses activités étaient d'envergure puisque, au moment de son arrestation, il détenait plus de 3000 contrats passés avec 2000 entreprises russes qui expédiaient leur production à des sociétés-écrans internationales. Sachant cela, on mesure mieux l'importance des sommes empochées par la mafia gouvernementale dont les comptes bancaires se trouvent également à l'étranger (95).

Pourquoi a-t-on mis un terme à ces malversations si lucratives ? Peut-être parce que Tchilikov, auquel le succès tournait la tête, aurait pu laisser échapper des secrets ou des noms, fournissant ainsi la clé de certaines énigmes. Comme, par exemple, certains mystères liés au mercure rouge.

---

95. *Izvestia,* 22 octobre 1996.

En effet, après la désintégration de l'URSS et le début de la thérapie de choc, une rumeur persistante fait le tour du pays : la Russie aurait hérité d'un produit miracle soviétique — appelé le mercure rouge — dont la valeur marchande serait infiniment supérieure à celle de l'or ou du platine. Les autorités russes démentent farouchement. Lors d'une conférence de presse à Moscou à laquelle assistent tous les correspondants étrangers, Evguéni Primakov, à l'époque patron du SVR, se montre catégorique :

"Les scientifiques de l'Académie de Russie sont formels : le mercure rouge n'existe pas dans la nature. En fait, les affaires basées sur ce prétendu mercure rouge servent de paravent aux structures mafieuses en quête de filières pour blanchir l'argent sale, y compris celui du trafic de drogue. En réalité, des métaux précieux et d'autres éléments radioactifs sont commercialisés sous cette appellation."

Les choses auraient pu en rester là si, au même moment, Primakov n'avait été secrètement chargé d'un rapport à la demande du Secrétaire d'Etat Guénnadi Bourboulis. Divulgué par la suite grâce à des fuites, il y fait toute la lumière sur cette ténébreuse affaire de mercure rouge (96). De fait, Primakov confirme que, synthétisé depuis 1968 — grâce à une méthodologie peu coûteuse —, par des entreprises militaires proches de Novossibirsk et de Krasnoïarsk, ce produit sensible (sel de mercure ou acide stabinique) se présente sous forme de poudre brunâtre

96. *Pravda,* 17 mars 1993.

ou de solution rouge. Ses principaux utilisateurs, des firmes de l'industrie d'armement nucléaire et de construction aérospatiale, se trouvent essentiellement aux Etats-Unis et en France. Parmi les autres clients figurent l'Afrique du Sud, Israël, l'Iran, l'Irak et la Libye. Et à l'achat, le prix exorbitant de ce mercure rouge varie de 320 à 380 dollars le gramme.

Le chef de l'espionnage russe y dévoile également que cette substance entre "dans la production d'explosifs particulièrement puissants, de têtes de missiles autoguidés de grande précision, dans le déclenchement de réacteurs nucléaires et la fabrication de revêtements antiradars des techniques militaires."

On constatera que Primakov est parfaitement informé de ce trafic mondial. Bien que les exemples cités dans son rapport remontent à 1991, l'itinéraire géographique du produit miraculeux se révèle impressionnant : Hongrie, Italie, France et Autriche en passant par les Etats-Unis et l'Afrique du Sud sans oublier la Libye ou encore la Finlande. Pour ne citer que ces quelques pays.

L'opinion se perd en conjectures : le mercure rouge existe-t-il réellement ? L'entourage présidentiel se trouve-t-il mêlé à ce trafic ? Pourquoi les scientifiques russes ont-ils menti publiquement en prétendant que cette matière stratégique n'existait pas ? Car eux connaissaient toute la vérité. En effet, le 19 février 92, le directeur d'un Institut de l'Académie sollicitait de Egor Gaïdar, alors Premier ministre par intérim, l'autorisation d'exporter 6000 kg de mercure rouge par an. En cas de réponse positive, son Institut s'engageait à verser à l'Etat 500 millions de dollars dont 100 millions dès les premières semaines. L'homme avait déjà obtenu l'aval des ministères de la Sécurité, des Relations extérieures. Et plusieurs usines productrices lui avaient formellement promis des livraisons de mercure.

L'hypothèse selon laquelle, à peine au pouvoir, l'entourage du Président russe voulut monopoliser ce juteux commerce, au détriment des services secrets dont c'était le domaine réservé, n'est pas dénuée de fondement. Ainsi, l'on sait que, dès janvier 1992, un certain Sadykov, patron du consortium *Promékologuia* (siège social à Ekaterinbourg, fief de Boris Eltsine) demandait à Bourboulis le monopole de la commercialisation de cet élément sensible. Les bénéfices envisagés, à hauteur de 10 à 40 milliards de dollars annuels, donnaient le vertige. Effectivement, le 21 février, le Président Eltsine donnait le feu vert à *Promékologuia.* A-t-il eu conscience alors du terrain miné où il s'engageait? Quoi qu'il en soit et contrairement à toute attente, son décret stipulait que "les bénéfices du mercure rouge, destinés à financer les programmes écologiques et énergétiques du dit consortium, ne seraient pas imposables." Inutile de préciser que l'environnement n'a jamais reçu le moindre kopeck.

En résumé, si les bénéfices des exportations de mercure rouge n'ont jamais figuré au nombre des recettes de l'Etat russe, cela signifie qu'il n'existe pas. Tout comme les milliards tirés de ce commerce (97).

---

97. Lesnik R. et Blanc H., *L'Empire de toutes les mafias*, Paris, Presses de la Cité, 1996, p. 345.

Les précédents bénéficiaires du monopole de ces trafics allaient-ils se laisser déposséder sans réagir? Force est de constater que, 13 mois plus tard, Boris Eltsine abrogeait le décret concernant *Promékologuia.* Or, en mars 1993, la plupart des membres du gouvernement Gaïdar avaient déjà été poussés vers la sortie sans rendre de comptes.

A l'instar du mercure rouge, les trafics d'autres matériaux sensibles (ou fissiles) comme l'uranium enrichi ou le plutonium sont, eux aussi, démentis avec opiniâtreté par ceux qui se succèdent aux postes clés de l'Etat. Néanmoins, personne n'a oublié les dénégations formelles de Primakov à propos du mercure rouge. Heureusement tous les officiels russes ne s'enferment pas aussi maladroitement dans le mensonge. Ainsi, début 1995, Mikhaïl Egorov, alors vice-ministre de l'Intérieur, loin de nier les trafics nucléaires, affirmait au contraire :

"La mafia moscovite est capable de livrer des matières nucléaires dans n'importe quel endroit du globe. Elle en posséderait même suffisamment pour fabriquer une bombe cinq fois plus puissante que celle d'Hiroshima". Peu de temps après cette inquiétante déclaration, Egorov était destitué de son poste...

Et pourtant, pour beaucoup d'experts russes, un échec de commercialiser le nucléaire masque dix succès et ces tentatives se comptent par centaines.

De son côté, Gunther Beckstein, ministre allemand de l'Intérieur, confirmait que "d'anciens officiers du KGB se sont alliés à des organisations criminelles occidentales pour jouer un rôle important dans la mafia nucléaire internationale, essentiellement implantée dans les pays de langue allemande" (98).

D'autres hommes politiques allemands corroborent. Pour eux, une mafia de l'atome s'est bel et bien structurée. Même si les cas ponctuels découverts semblent sans cohérence apparente, cela ne signifie pas pour autant qu'un trafic organisé n'existe pas. Le journaliste scientifique Pierre Kohler estime quant à lui qu'il doit forcément se situer à un niveau supérieur : entre responsables gouvernementaux des États demandeurs et directeurs de centres militaro-nucléaires de l'ex-URSS, peut-être par l'intermédiaire d'une mafia russe. A cet égard, deux "cadres" travaillant dans les centres secrets de Tchéliabinsk-40 (où se fabriquait le plutonium à usage militaire) et d'Arzamas-16 (où étaient assemblées les armes nucléaires) ont été assassinés en 1995, dans des circonstances troubles. En savaient-ils trop? Seuls les mystérieux officiers du KGB, anciens ou actuels, devenus les alliés objectifs des mafias, pourraient répondre. A la réflexion, rien de plus normal. A qui se fier sinon aux homologues d'hier, formés à la même école? Voilà, sans doute, la raison pour laquelle le trafic nucléaire se propage d'abord dans les pays de l'ancien bloc de l'Est, d'où il gagne le reste du monde.

Pour ce faire, située au cœur de l'Europe, la Hongrie occupe une position stratégique de choix. En cinq ans, on y a créé des centaines d'entreprises mixtes, notamment dans les secteurs du gaz, du pétrole et des finances (99). En 1995, un million d'ex-Soviétiques a

---

98. Kohler, P., *Apocalypse rouge*, Paris, Critérion, 1995.
99. *Finansovyé Izvestia*, 15 août 1996.

visité ce pays, une aubaine pour les mafieux qui se fondent dans la foule. Or, les fleuves d'argent sale inondant les banques occidentales prennent précisément leur source à Budapest. L'inspecteur Simon Godard, du département de surveillance criminelle britannique, considère que parler de mafias spécifiquement russes est erroné. Il s'agirait plutôt de clans des Républiques de l'ex-URSS, notamment ukrainiens, et des anciens pays de l'Est. Pour blanchir les capitaux des divers trafics — armes, drogue, pierres précieuses, etc.— les parrains les envoient de Hongrie à leurs délégués de Londres ; ceux-ci transfèrent ces fonds aux Etats-Unis, par exemple, où les réseaux mafieux les prendront en charge. Une fois blanchies, ces fortunes reviendront à leurs détenteurs via les banques anglaises. Toujours selon Godard, en Grande-Bretagne, les parrains russes emploient juristes compétents, comptables et conseils chevronnés qui les aident à fonder quantité de sociétés mixtes, défendant brillamment leurs intérêts. L'inspecteur redoute que d'ici peu, la City ne soit considérée comme le premier centre mondial d'affaires mafieuses. A l'image du port belge d'Anvers, déjà devenu le centre européen d'où s'étendent les interminables tentacules de la Pieuvre de l'Est.

Mais c'est le piratage informatique des forteresses de la finance qui constitue la nouvelle peste de cette fin de millénaire. Jusqu'ici, ces pratiques menaçaient peu les banques occidentales. Le coup d'éclat d'un certain Vladimir Lévine, diplômé de l'université de Saint-Petersbourg, est symptomatique. Pour obéir à la mafia, de juin à octobre 1994, ce brillant *hacker* a soulagé la

Citibank américaine d'au moins douze millions de dollars en "craquant" son réseau local (100). Adroitement manipulé mais resté pauvre en dépit de ses gigantesques malversations, Lévine a été arrêté. Pendant ce temps, dans l'ombre, les vrais pirates recrutent toujours quantités d'informaticiens, se préparant sans doute à des opérations de grande envergure.

Dans ce domaine, le génie informatique nippon pourrait bientôt étayer le savoir-faire imaginatif des parrains russes. En effet, ces derniers, qui donnent désormais des interviews à la presse, ne font pas mystère de leurs liens avec les Yakuzas japonais et les triades Tongs en Chine. Déjà solidement implantées dans les pays de l'Est (Pologne, Hongrie, République Tchèque, Bulgarie), vieilles alliées des mafias sicilienne et américaine, partenaires des grands cartels colombiens, les mafias ex-soviétiques sont en train de constituer un véritable *syndicat mondial du crime*. Menace sans précédent que confirmait, dès 1993, Luciano Violante, l'un des piliers italiens de la lutte anti-mafia :

"Aujourd'hui, la Russie est devenue le centre stratégique du crime organisé mondial où se décident blanchiment de l'argent sale, partage des territoires, etc. Nous détenons les preuves que le PCUS et le KGB entretiennent depuis longtemps des liens étroits avec la mafia italienne et que ces deux organismes ont créé la mafia soviétique, avec laquelle ils se sont confondus" (101).

---

100. Dans le jargon informatique, *hacker* signifie tantôt génie tantôt pirate selon le contexte, NDA.
101. *Radio Svoboda* (Liberty), octobre 1993.

Manifestement, les mafias russes sont toujours très présentes en Italie car il ressort d'une enquête publiée par *Confcommercio* — la Fédération des commerçants italiens — que les organisations criminelles russes auraient investi en Italie près de 7 milliards de $ de 1993 à 1995. Et le procureur anti-mafia Franco Roberti de préciser : les mafieux russes, tchétchénes ou ex-yougoslaves préfèrent investir en Italie car les contrôles y sont faibles et le terrain "généralement favorable" (102). En outre, les responsables italiens se plaignent d'avoir des difficultés à trouver des interlocuteurs dans les pays en question. De fait, Franco Roberti considère que 30 % des policiers russes ne sont pas fiables. Et l'universitaire Mario Centorrino de renchérir : la criminalité est organisée, mais pas nous ! Chose étonnante, les mafias italiennes ne semblent pas être en conflit avec ces parrains slaves; bien au contraire, à leur tour, elles investissent à l'Est. Ainsi, "l'équilibre financier" intermafias a-t-il été rétabli.

Pourtant, peu à peu, la résistance s'organise. On sait par exemple que, début avril 1997, le ministre russe de l'Intérieur Anatoli Koulikov visitait l'Etat-major d'Interpol à Lyon. A cette occasion, il révélait avoir transmis à cet organisme les dossiers de quelque 700 criminels endurcis, ressortissants de l'ex-URSS. Grâce à l'aide internationale, la Russie en aurait déjà fait extrader plus de 70. Décrivant l'action menée à l'intérieur du pays, le vice-Premier-ministre a souligné que les forces de l'ordre se sont attaquées à 8000 clans

102. AFP, 20 juin 1996.

du crime organisé russe en 1996. Cependant, sur 463 contrats exécutés, seuls 60 assassinats ont pu être élucidés (103).

Notons, à ce propos, que la lecture des statistiques rendues publiques par Moscou laisse stupéfait. En effet, le 17 juin 97, le même Koulikov informait d'ores et déjà les journalistes de l'existence de quelque 9000 groupes mafieux opérant en territoire russe. Leurs armées - estimées à 100000 tueurs - se seraient rendues coupables de plus de 20000 crimes en 1996 (104). Idem pour le nombre de contrats. Ainsi, en 1992, les forces de l'ordre en ont enregistré 102 (dont seulement 11 furent élucidés); pour 1993, sur 228 contrats officiellement établis, 60 furent solutionnés alors qu'en 1996, les exécuteurs de 70 meurtres commandités sur un total de 580 ont été découverts. Ce qui signifie qu'au cours des dernières années, la police résout à peine un assassinat sur dix (105).

Dans le même ordre d'idées, un autre aspect du crime organisé russe ne manque pas d'inquiéter depuis peu : la montée globale du terrorisme. Il faut préciser qu'en Russie, enlèvements, prises d'otages, détournements d'avion sont désignés comme des manifestations terroristes et en particulier, les attentats à l'explosif. Malgré le fait que, entre 1992 et 1996, on n'ait officiellement recensé que 78 actes terroristes dans le pays, leur nombre réel semble bien supérieur.

103. *Izvestia*, 8 avril 1997.
104. *Ogonyok*, n° 35, septembre 1997.
105. *Literatournaya Gazeta*, 3 septembre 1997.

Ainsi, selon le Conseil de Sécurité russe, le MVD aurait comptabilisé 440 explosions pour 1994-1995; les hommes d'affaires constituent 60 % des cibles, les représentants de la loi et de l'ordre, 9,9 %, les fonctionnaires, 4,4 % et enfin, les hommes d'Etat, 2,2 %. L'utilisation de plus en plus fréquente d'explosifs paraît d'ailleurs caractériser le nouveau terrorisme mondial. Il faut souligner que dans la Fédération de Russie, les actes terroristes sont exécutés avec un professionnalisme croissant. Igor Khlebnikov, expert de la Fondation de la Sécurité nationale et mondiale, pronostique que, dans un avenir proche, les clans mafieux russes possédant des contacts internationaux pourraient exporter ces nouvelles pratiques à l'étranger. Et de nous mettre en garde :

"Certains symptômes du phénomène existent déjà", tout en rappelant que la CIA a récemment prévenu le FBI des représailles imminentes dirigées contre ses agents ayant osé mettre sous les verrous en 1995 le célèbre *Yapontchik* (alias le parrain russe Viatcheslav Ivankov). En effet, précisaient les services secrets américains, une très puissante organisation criminelle russe avait déjà fait entrer ses tueurs à gages aux Etats-Unis pour les exécuter.

"Dans les prochaines années, le renforcement et la réorganisation des structures criminelles transnationales vont se poursuivre" encore affirme Khlebnikov (106). Pour lui, le monde doit s'attendre à des escroqueries bancaires sans précédent, à des vols

106. *Vek*, n° 32, du 29 août au 4 septembre 1997.

massifs de capitaux et de valeurs, à une corruption croissante des fonctionnaires, à la mise sous contrôle des secteurs économiques les plus rentables (légaux ou non) sans compter les bénéfices exorbitants que ces groupes criminels tireront du banditisme : racket et trafics divers, notamment d'armes et de drogues. A l'heure actuelle, les groupes terroristes russes maîtrisent déjà parfaitement toute la panoplie des armes et méthodes indispensables tout en disposant de cadres expérimentés. Ceux qui tenteront de leur résister doivent savoir, eux aussi, à quoi s'attendre : ils seront victimes de pressions psychologiques, de chantage, de menaces pouvant aller jusqu'à l'élimination physique.

Pour le moment, les mafieux russes avec, à leur tête, un ancien d'Afghanistan qui se fait appeler *Kniaz Igor* (le prince Igor), ont commencé à prendre le contrôle de la Côte d'Azur. Supplantant peu à peu les parrains italiens, ils s'y adonnent à leurs activités de prédilection : drogue, prostitution, trafic d'armes, jeux, transactions immobilières sans oublier de proposer leur *krycha* — toit ou protection —, aux grands magasins. Leurs méthodes brutales ont été brevetées *made in Russia* : payer ou mourir, au "client" de choisir.

En conclusion, comment ne pas souhaiter à la Russie d'aboutir le plus tôt possible à un véritable régime démocratique même si une victoire définitive de la démocratie ne s'annonce pas pour demain? A l'évidence, aussi longtemps que ce grand pays sera contrôlé par les mafias, gouverné par différentes oligarchies (comme le confirment à la fois Gorbatchev,

Lebed et Eltsine lui-même), que les mass medias, la culture, etc. resteront coiffés par des financiers mafieux, devenir un État de droit lui demeurera impossible.

En outre, si l'Occident veut aider la Russie et les autres Républiques ex-soviétiques à sortir de la crise de société qui les fragilise, ne vaut-il pas mieux qu'il connaisse leurs vraies réalités afin d'intervenir avec pragmatisme et en pleine connaissance de cause ?

Dans cette optique, la vision de la Russie d'aujourd'hui ne peut plus se satisfaire des déclarations superficielles des kremlinologues mondains. Et malgré ceux qui — en Russie et ailleurs — tentent désespérément de maquiller les démons en blanc, l'heure est venue pour notreEurope de s'aider elle-même. Cela implique de prendre définitivement conscience de la menace bien réelle de ce totalitarisme mafieux, de créer un espace judiciaire européen, des institutions communes, une législation adaptée à cette nouvelle race de criminels internationaux et surtout, de coopérer sans restriction. Peut-être n'est-il pas trop tard, mais il est temps. Grand temps !

Fait nouveau depuis l'arrestation et la condamnation, en janvier 1997, du fameux *Yapontchik* qui dirigeait un empire du crime sur leur territoire, les Etats-Unis, eux, semblent avoir enfin pris conscience de la puissance de ces nouveaux réseaux venus du froid. La récente déclaration de Louis Freeh, patron du FBI, au cours d'une session du Congrès américain, en témoigne :

"La mafia russe a déjà largement dépassé la mafia italienne. Elle représente aujourd'hui un terrible danger non seulement pour la Russie mais également pour les Etats-Unis. Trente, des quelque 8000 groupes du crime organisé russe, opèrent actuellement chez nous. Plus inquiétant encore : la plupart de ces mafieux sont des anciens du KGB" (107).

Le monde résistera-t-il au néo-impérialisme de l'internationale des mafias ? Mesure-t-il les périls immédiats et les enjeux de cette lutte finale ? Telles s'affirment les grandes questions à l'aube du troisième millénaire. L'avenir le dira.

107. *Radio Svoboda*, 2 octobre 1997.

Bibliographie

Bobkov F., *L'activité des organes de Sécurité d'Etat à l'étape actuelle*, ("Déïatelnost organov gossoudarstvennoï bézopasnosti na sovréménnom ètapé"), Moscou, 1988.

Vaksberg A., *La mafia russe*, Paris, Albin Michel, 1992.

Eltsine B., *Sur le fil du rasoir*, mémoires, Paris, Albin Michel, 1994.

Vatchnadzé G., *Les mafias militaires du Kremlin*, Paris, Ellipses, 1994.

Mandeville L., *L'armée russe*, Paris, Éditions N° 1, 1994.

Albatz E., *La bombe à retardement*, enquête sur la survie du KGB, Paris, Plon, 1995.

Govoroukhine, S., *La grande révolution criminelle*, L'Age d'Homme Editions, Lausanne, 1995.

Lebed, A., *Dommage pour ce grand pays* ("Za derjavou obidno"), Editions Moskovskaya Pravda, Moscou, 1995.

Handelman S., *Comrade criminal*, Yale University Press, New-Haven, 1995.

BERD-Banque Mondiale, *De l'économie planifiée à l'économie de marché*, Rapport sur le développement dans le monde, Washington, USA, juin 1996.

Direction des relations Economiques Extérieures et CFCE, Dossier: *Les régions de la Russie en 1997*, Les Editions du CFCE (Centre Français du Commerce Extérieur), Paris, 1997.

Signification des principaux sigles

KGB : *Komitet Gossoudarstvennoï Bézopasnosti.*

Comité de la Sécurité d'Etat.

Restructuré à plusieurs reprises, aucours des dernières années, le KGB a également changé d'appellation. Le sigle d'ex-KGB (qui reste le plus connu) a été conservé pour la commodité de la lecture. En effet, à l'automne 91, le KGB se mue en MBR (Ministère de la Sécurité de la Russie) ; en décembre 1993, le MBR devient le FSK (Service Fédéral du Contre-espionnage) puis, le FSB (Service Fédéral de la Sécurité) en avril 1995. Au fil du texte, le KGB est aussi désigné comme "les services secrets" ou "spéciaux" soviétiques (ou russes, à partir de 1991), comme "les organes" ou encore "les organes compétents".

SVR : *Sloujba Vnéchnéï Razvedki.*

Le Service d'espionnage à l'étranger, encore appelé le "KGB extérieur", séparé des services secrets russes lors de la réforme de 1991, dirigé jusqu'en 1996 par l'académicien E. Primakov puis, par V. Troubnikov.

GRU : *Glavnoé Razvédyvatélynoé Oupravlénié.*

La Direction principale du renseignement militaire.

GOuO : *Glavnoé Oupravlénié Okhrany.*

La Direction principale de Protection.

Spetsnaz : *Spétsialnogo Naznatchénia.*

Abréviation de "à destination spéciale". Tous les organismes cités possèdent leurs détachements d'élite : *Alpha* et *Vympel* pour le KGB, *Vityaz* pour le GRU et d'autres, ultra secrets.

MVD : *Ministerstvo Vnoutrénnikh Del.*

Ministère des Affaires Intérieures, équivalant à l'Intérieur français. Doté de troupes d'élite comme les OMON (*Otryady Militsiï Ossobogo Naznatchénia*) et autres unités.

Index alphabétique

ALIEV, Gueïdar : président du KGB d'Azerbaïdjan de 1967 à 1969. Premier secrétaire du Comité central du PC de cette république de 1969 à 1988. Élu président de l'Azerbaïdjan en octobre 1993.

ANDROPOV, Youri : président du KGB de 1967 à 1982. Secrétaire général du Comité central du PCUS ayant succédé à Brejnev de novembre 1982 à sa mort, en février 1983.

BARSOUKOV, Mikhaïl : président du KGB (FSB) depuis juillet 1995. Avant cela, il fut à la tête du GOuO, la Direction principale de Protection. Limogé en juin 1996.

BOBKOV, Filip : ancien vice-président du KGB, l'un des fondateurs de "Most", le plus important groupe financier de Moscou.

BOURLAKOV, Matveï : commandant-en-chef de l'armée russe stationnée en Allemagne puis, premier vice-ministre de la Défense jusqu'en août 1995. Nommé représentant du Président Eltsine au sein de *Rosvooroujénié* en août 1996.

CHEVARDNADZE, Edouard : ministre de l'Intérieur de la Géorgie soviétique de 1965 à 1972. Premier secrétaire du Comité central du PC géorgien de 1972 à 1985. Ministre soviétique des Affaires étrangères de Gorbatchev de 1985 à 1990. Président du Conseil d'Etat, puis Président de la République de Géorgie depuis 1992. Réélu à la présidence en 1995.

DOUDAEV, Djokhar : général de l'armée soviétique, ancien pilote de chasse, président de la République de Tchétchénie depuis novembre 1991. Symbole de l'indépendance tchétchène. Déclaré officiellement mort au printemps 1996.

ELTSINE, Boris : premier secrétaire du PC de la région de Sverdlovsk de 1974 à 1985. Chef des communistes de Moscou de 1985 à 1987. Président du Comité d'Etat à la Construction en 1988-1989. Député du Soviet Suprême (Parlement) de l'URSS en 1989, président du

Soviet Suprême de Russie en 1990-1991. Premier président de la Russie, élu au suffrage universel le 12 juin 1991 et réélu le 3 juillet 1996.

GAIDAR, Egor : Premier ministre par intérim de fin 1991 à fin 1992, connu en Russie comme le "père de la thérapie de choc" autrement dit des réformes de marché. Fondateur, en 1993, du mouvement démocratique "Le Choix de la Russie".

GDLYAN, Telman : célèbre juge anti-mafia ayant dirigé la plus gigantesque des enquêtes appelée "affaire du coton ouzbek" ou encore "affaire du Kremlin", à la tête de 200 magistrats, de 1983 à 1989. Député démocrate à la Douma.

GORBATCHEV, Mikhaïl : Secrétaire général du PCUS de 1985 à 1991, premier et dernier président de l'URSS. Considéré comme l'initiateur de la *perestroïka*.
A démissionné le 25 décembre 1991 après le putsch d'août 1991 à Moscou, qui a précipité la fin de l'Union soviétique.

JIRINOVSKI, Vladimir : leader du parti Libéral-démocrate russe créé, en mars 1991, sur ordre du Politburo et du KGB en tant que premier parti "alternatif" au PCUS alors détenteur du monopole politique en URSS. Député à la Douma où son parti gagne les législatives de décembre 1993 avec plus de 22 % des suffrages.

ILYOUCHENKO, Alexandre : procureur général par intérim de la Russie jusqu'à l'été 1995. Mis à la retraite anticipée à l'automne 1995, après un scandale qui éclaboussa les cercles financiers et pétroliers au sein desquels travaillait son épouse. Accusé de corruption, il est incarcéré en mars 1996. L'enquête est en cours.

KORJAKOV, Alexandre : général du KGB, chef de la garde présidentielle et, depuis juillet 1995, de la Direction principale de Protection (40000 hommes). Limogé en juin 1996, après le premier tour des présidentielles russes.

KOULIKOV, Anatoli : ministre de l'Intérieur de la Russie depuis 1995.

KRIOUTCHKOV, Vladimir : président du KGB soviétique jusqu'en août 1991, il fut l'un des instigateurs du "putsch manqué" du 19 août 1991.

LEBED, Alexandre : général de parachutistes, a combattu en Afghanistan et surtout en Transnistrie (Moldavie) où il a commandé la 14e armée russe de 1992 à 1995. Limogé, il entre en politique; élu député fin 1995, il se présente aux présidentielles de 1996. Crédité de près de 15 % des suffrages au premier tour, nommé à la tête du Conseil de Sécurité, il favorise la réélection d'Eltsine. Populaire pour avoir gelé la guerre en Tchétchénie et entamé des pourparlers de paix avec les séparatistes, l'encombrant présidentiable est destitué par décret présidentiel le 17 octobre 1996.

PRIMAKOV, Evguéni : directeur du SVR (espionnage russe) de 1991 à 1995. Nommé ministre des Affaires étrangères de Russie en janvier 1996.

ROUTSKOI, Alexandre : général, pilote de chasse, ancien vice-président de la Russie destitué pour rébellion. Provoque avec R. Khasboulatov, le président du Parlement, la confrontation du 21 septembre au 4 octobre 1993 qui se termine par l'assaut de la Maison Blanche. Emprisonné, amnistié en 1994 par la Douma, il a été élu gouverneur de la région de Koursk en octobre 1996.

SOSKOVETS, Oleg : ancien ministre soviétique de la métallurgie, nommé premier vice-Premier ministre russe en 1993. Limogé en juin 1996 à l'issue du premier tour des présidentielles russes.

TCHERNOMYRDINE, Viktor : Premier ministre de la Russie depuis fin 1992, en remplacement de Egor Gaïdar. Ancien patron de "GAZPROM" (l'industrie du gaz).

TCHOUBAIS, Anatoli : responsable du *Goskomimouchtchestvo*, le Comité d'Etat aux privatisations, avec rang de ministre. Démissionne le 16 janvier 1996 pour diriger, à partir de mars 1996, la campagne présidentielle de Boris Eltsine jusqu'à sa réélection. Nommé patron de l'administration présidentielle en juin 1996, puis, en mars 1997, Premier vice-ministre et ministre des Finances.

Table des matières

Achevé d'imprimer par Trèfle Communication
à Paris, le 19 Juin 1998
Numéro d'imprimeur : 5268
Dépôt légal : 2ème Trimestre 1998